엄마, 아빠, 선생님과 함께 하는

쉽고 재미있는
유아손끝놀이

엄마, 아빠, 선생님과 함께 하는

쉽고 재미있는
유아손끝놀이

김은주 · 임홍남 · 안세정 · 강진아

KNOWLEDGE COMMUNITY 공동체

머리말

갓 초등학교를 보낸 어느 아이의 엄마가 했던 말이 생각난다.

"요즘 아이들은 손에 힘이 없어서 그런지 글자를 힘 있게 잘 쓰지 못하는 것 같아요. 더군다나 요즘 1학년은 알림장도 잘 쓰지 않으니 연필 잡는 것도 그렇고 글자 진하기도 그렇고 필체도 그렇고… 손을 쓸 일이 많이 없어서 그런가 모르겠어요."

충분히 공감되는 말이다. 사실 일상에서 손을 사용하지 않고 할 수 있는 일은 극히 드물다. 그럼에도 손에 힘이 없는 요즘 아이들을 걱정해야 하는 상황이 안타까운 현실이다. 어릴 때부터 머리만 많이 쓰고 손을 쓸 기회를 잃어버린 결과가 아닐까? 어릴 때는 손을 많이 사용하는 기회를 주어야 한다. 3H교육이라고 했다. Hand는 Head와 Heart와 연결되어 있다. 아이는 손을 통해 세상과 만난다. 영유아기 아이들에게 손을 많이 쓸 기회를 많이 준다는 것은 삶을 살아가는 힘을 주는 것이다.

이 책은 영유아기 아이들에게 '손'의 움직임이 얼마나 중요하고 또 필요한지, 그리고 아이들이 손으로 얼마나 열심히 사는지 보여주고 싶은 마음에서 시작하였다. 저자들은 생태유아교육기관에서 교사로 지내면서 아이들과 손끝놀이를 해본 경험을 가지고 있다. 그리고 엄마로서 자녀들과 함께 손끝놀이를 이어가고 있기도 하다. 그 경험은 이 책을 쓰는 동력이 되었다. 이 책에는 유아교육기관에서 교사뿐 아니라 가정에서 부모도 함께 해볼 수 있는 다양한 손끝놀이 사례가 담겨있다. 그동안 유아교육현장에 2002년도 출판된 『손끝으로 만나는 세상』이라는 책이 손끝놀이에 대한 관심을 일으키는 데 큰 역할을 해왔다. 20여 년이 지난 지금, 더 다양한 손끝놀이 활동이 현장에서 진행 중에 있다. 이 책은 현장의 사례를 바탕으로 맨손으로 할 수 있는 아주 간단한 손끝놀이부터 일상용품으로 하는 손끝놀이, 종이로 하는 손끝놀이, 천으로 하는 손끝놀이, 실로 하는 손끝놀이, 자연물로 하는 손끝놀이 등 다양한 상황과 재료에 따라 해볼 수 있는 30여 가지 이상의 사례를 담았다. 아이의 관심과 능력에 따라 다양한 손끝놀이를 하는 데 도움이 되기를 바라본다.

코로나19라는 전 세계적인 팬데믹 속에서 아이들과 바깥활동을 마음껏 할 수 없는 절망적인 상황은 손끝놀이의 필요성과 가치에 대해 한 번 더 생각할 수 있는 기회를 준 것 같다. 미디어에 친숙한 아이들이 보다 자신들의 삶에 건설적인 일을 할 수 있는 기회가 바로 여러 가지 손끝놀이 활동이 아닌가 싶다. 별것 아닌 것 같은 소소한 일에서부터 무언가를 만들어 내는 창조적인 일까지 모두 경험해 보면서 아이들에게 손끝의 힘을 보여주고, 손끝의 힘을 느낄 수 있도록 하는 것이 어른들의 몫이라고 생각한다.

이 책은 저자들이 가지고 있는 갖가지 손끝놀이 재주들도 중요했지만, 귀엽고 사랑스러운 아이들의 도움이 없었더라면 멋진 결과물이 나오지 않았으리라 생각된다. 곳곳에 실려 있는 아이들의 얼굴과 손끝놀이 장면을 보면 웃음이 절로 나온다. 김하윤과 김정윤 자매, 우시은과 우도은 자매, 백나윤, 김유정, 권건우, 김근우, 김지운, 강소민 어린이들에게 고마움을 전한다. 그리고 아이들 사진을 제공해 준 송주은, 정보영 선생님과 양말목 컵받침 만들기 사례를 제공해 준 김예슬 선생님에게도 감사의 마음을 전한다. 또한 손끝놀이를 즐기는 교사의 삶을 글과 사진으로 담을 수 있도록 도움을 준 이라희 선생님, 아이들의 아름다운 손끝놀이 사진을 공유해 주신 대구 튼튼한 어린이집 신여정 원장님에게도 감사의 마음을 전한다. 그리고 엉성한 자료를 잘 다듬고 편집해 주신 출판사 공동체 가족 여러분에게 감사의 인사를 드린다. 이 책이 '오늘의 주인공'인 아이들에게 '지금, 여기에서' 행복한 시간을 마련해 주는 데 도움이 되기를 기대해 본다.

2021년 5월 어린이날을 앞두고
저자들의 마음을 모아 쓰다

차례

프롤로그

시작하며 : 손끝에서 놀이가 시작된다

아이는 손을 움직여야 한다.

한국 사람들은 손재주가 좋다는 말이 있습니다. 전 세계 직업기능인들의 솜씨를 겨루는 국제기능올림픽대회에서 자주 종합 우승 소식을 알려오는 걸 보면 가히 틀린 말은 아닌 거 같습니다. 무엇이 우리를 손재주가 많은 민족으로 만든 것일까요? 특유의 부지런함과 호기심이 한몫했다는 생각이 듭니다.

주택가를 걷다 보면 심심찮게 동네 주민들이 가꾼 텃밭을 발견할 수 있습니다. 담벼락을 하고 남은 작은 자투리 공간도 그냥 두는 법이 없습니다. 동네 뒷산으로 오르는 초입에서도 어김없이 작은 텃밭을 만날 수 있습니다. 주택 옥상은 말할 것도 없습니다. 다른 나라에서는 보기 드문 광경이기도 하다는 점을 생각해 보면, 부지런하고 뭔가를 가꾸고 만들기를 좋아하는 우리나라 사람들은 틈만 있으면 밭을 만드는 거 같습니다.

사실 도로가 집 앞까지 연결되고 마트가 마을 구석구석까지 들어서기 전에는 대부분의 가정에서 의식주를 스스로 해결해 내었습니다. 재봉틀이 있는 집이 꽤 많이 있어서 옷이나 생활 소품을 직접 만들어 사용했고, 집 근처 텃밭에서 그날 저녁 찬거리를 바로 따서 먹었고, 사소한 주택 개보수는 전문가의 도움 없이 스스로 해결하기 일쑤였습니다. 이 모든 일은 하루 종일 바삐 손을 움직여야 얻어낼 수 있는 것이었기에 부지런히 손을 움직여야 했고, 힘들기도 했지만 그만큼 자신이 이루어 낸 것은 강한 삶의 의지로 돌아오기도 했습니다.

사람들은 왜 손을 많이 움직여야 할까요? 손을 움직이는 행위는 단순히 몸을 움직이는 것 이상의 의미가 있습니다. 손을 움직이면서 사람들은 머리로 궁리를 하고, 자신의 손끝에서 만들어진 결과를 보면서 뿌듯한 마음을 가집니다. 3H 교육이라는 것이 있습니다. 머리와 마음과 손의 조화로운 발달을 위한 교육을 의미합니다. 다시 말해서 Hand를 통해 Head, Heart의 조화로운 발달을 이룰 수 있는 것입니다. 손을 많이 움직인다는 것은 몸을 움직이는 것뿐 아니라 머리를 쓰고 마음을 쓰는 일이 동시에 이루어지는 일입니다. 따라서 인간은 손끝으로 무수히 많은 것들을 만들어 낼 수 있었습니다.

아이도 마찬가지입니다. 뭐든지 손으로 만져보면서 탐색해 가는 아이를 보고 있으면 세상에 대한 호기심을 손을 통해 알아가고 있다는 것을 느낄 수 있습니다. 손을 많이 움직여야 하는 이유가 여기에 있습니다. 아이는 일상의 경험 중에서 손을 통해 세상을 만나고 손끝으로 삶의 기교를 배워나가며 자립이 가능한 사람으로 성장해 갈 수 있기 때문입니다.

아이는 손끝을 통해 세상을 만난다.

손끝이 야물다는 말을 들어본 적이 있습니까? "저 사람은 손끝이 참 야물다." 뭔가를 잘 만드는 사람들에게 흔히 사용하는 말입니다. 20여 년 전 생태유아교육 프로그램의 하나로, '손끝놀이 활동'을 제안했던 이유 중의 하나도, 손끝을 통해 자기가 필요한 것은 스스로 만들어 사용할 수 있는 '손끝이 야문 아이'로 키우기 위해서였습니다.

특히 영유아기에 손을 많이 움직여야 하는 이유가 있을까요? 아이들은 손끝을 통해 세상을 만나기 때문입니다. 영유아기 아이들이 참 좋아하는 놀이 중 하나는 바깥 놀이터에서 하는 흙놀이입니다. 아이들은 숟가락이나 미니 모종삽 같은 도구가 있어도 맨손으로 흙을 만지는 걸 좋아합니다. 흙에 약간의 물이 섞이면 더 좋아합니다. 맨손으로 부드러운 진흙을 만지작거리면서 누가 가르쳐 주지 않아도 손끝의 감각으로 적당한 농도를 맞추어 가면서 동그란 찐빵을 만들어 냅니다.
아이 입장에서는 흙을 가지고 논 것이지만, 흙놀이를 통해 흙의 질감과 농도를 배운 것입니다.

흔히 아이들은 타고난 과학자라고 합니다. 과학이라는 단어가 라틴어인 'scientia'에서 왔다는 점을 생각해 보면 틀린 말도 아닙니다. 'scientia'는 무엇인가에 대해서 아는 것, 무엇인가에 능숙해지도록 익히는 것을 의미합니다. 세상에 대한 호기심이 많고 알고자 하는 게 많은 아이들은 삶 자체가 'scientia'입니다. 이런 아이들에게 세상을 만나는 방식은 손끝을 통해 펼쳐진다는 것을 잊지 말아야 합니다. 아주 위험한 것이 아니라면 손끝으로 만나는 세상을 '저지'하지 말고 '지지'해 주어야 합니다.

아이는 스스로 창조 진화해 가는 생명입니다. 아이들은 스스로 하기를 좋아하고 스스로 해나가는 기쁨을 알아야 합니다. 영유아기에 손끝놀이를 한다는 것은, 세상에 대한 호기심으로 손끝으로 무언가를 열심히 만지고 만들면서 세상을 익혀가는 과정입니다. 처음에는 어눌하다가도 자꾸 하다 보면 손끝의 기교가 세련되어지고 실용적이고 예술적인 감각까지 배울 수 있는 것입니다. 예를 들어, 수틀에 홈질과 박음질을 배워가던 아이가 선생님이 만든 아름다운 생활 자수용품을 보더니 자신의 가방에도 수를 놓고 싶어 하는 마음이 생깁니다. 스스로 하고 싶은 도안을 그리고 한 땀 한 땀 수를 놓아가는 첫 과정은 미약하지만, 한두 작품이 쌓이다 보면 스스로도 대견하다 싶을 정도로 아름다운 결과물이 생기게 되는 것입니다. 이런 경험을 해본 아이는 양말에 구멍이 나거나 단추가 떨어지면 스스로 실과 바늘을 찾아 문제를 해결할 수 있는 사람으로 자랍니다. 자신의 손끝에서 스스로 자기가 사용할 것을 만드는 재미와 보람을 함께 느껴본 아이는, 앞으로 삶을 살아가는 생명력까지 얻게 된 것입니다.

아이에게 손을 사용할 기회를 주자.

어릴 때 삶을 살아가는 생명력을 배운다는 것은 매우 중요한 일입니다. 돈만 있으면 원하는 것을 쉽게 손에 넣을 수 있는 시대를 살고 있기는 하지만, 여전히 우리는 자신의 손으로 수많은 것들을 직접 하고 살아야 합니다. 어릴 때 공부만 하느라 칼을 사용해 볼 기회가 없었던 아이가 커서 과일을 잘 깎지 못해 과일을 안 먹는다고 한다면 참으로 안타까운 일이 아닐 수 없습니다. 공부만 잘했지 삶을 살아갈 준비를 안 한 것입니다.

현대사회가 아이들이 손을 사용할 기회를 빼앗아 버렸습니다. 『경제성장이 안되면 우리는 풍요롭지 못할 것인가』라는 책이 있습니다. 저자는 자본의 논리, 성장의 논리가 우리에게 오히려 많은 것을 잃게 했다고 지적하고 있습니다. 그렇습니다. 경제성장이라는 명목으로 생산된 많은 소비재들은 인간에게 물질의 풍요와 편리를 가져다 주기는 했지만, 직접 만들어 쓰고 만들어 먹는 즐거움을 빼앗아 가버렸습니다. 돈만 있으면 모든 것을 살 수 있는 세상 속에서 '손'을 사용할 시간은 줄어버렸습니다.

어릴 적 공부하다가 공부가 잘 안되면 버릇처럼 하던 게 있었습니다. 바로 연필을 깎는 일이었습니다. 칼로 연필을 깎을 때 나는 쓰각쓰각거리는 소리도 좋았고, 연필심과 나무가 잘 깎인 모습을 보는 것도 좋았습니다. 가지런히 깎인 연필을 필통에 늘어놓으면 왠지 뿌듯한 기분이 들어서 다시 공부할 마음이 생기곤 했습니다. 그래서 연필깎이가 있는 요즘도 가끔은 직접 칼로 연필을 깎습니다. 연필을 깎으면서 어릴 적 그 기분을 떠올리면 왠지 모르게 오늘을 살 힘이 다시 생깁니다. 이런 감각을 일깨워 줄 기회를 아이들에게 돌려주어야 합니다.

손을 많이 움직이는 것이 두뇌 개발에도 좋다는 것은 누구나 아는 사실입니다. 따라서 우리는 영유아기에는 '돈'을 버는 방법이 아닌, 다시 말해서 공부 잘하고 좋은 대학 가기 위한 교육을 시작할 것이 아니라, '손'을 많이 쓰는 교육, 즉 앞으로 살아갈 삶을 준비하는 생명력을 키우는 교육을 해야 합니다.

그렇다면 삶을 살아갈 생명력을 키우는 교육을 위해 무엇을 해야 할까요? 아이들이 손을 많이 쓸 수 있는 시간을 주는 것이 가장 필요합니다. 시간이 촉박할 때 연필을 깎으면 위험할 뿐 아니라, 예쁘게 깎이지도 않습니다. 오히려 연필깎이 기계가 간절히 생각이 날 뿐입니다. 여유가 있어야 손으로 하는 작업이 행복해집니다. 따라서 넉넉하게 시간을 주는 것이 가장 중요합니다. 그리고 시간이 있을 때 아이들이 해볼 만한 손끝놀이를 제안해 볼 수 있습니다.

아이가 어리다면 맨손으로 할 수 있는 손끝놀이부터 제안하는 게 좋습니다. 손가락을 움직여 보는 손가락 체조, 맨손으로 물감 그리기, 밀가루 반죽하기, 모래나 흙 점토, 진흙으로 조물거리기 놀이도 좋습니다. 손끝의 힘을 조금 더 길러줄 수 있을 때 즈음에는 천천히 숟가락 및 젓가락을 사용해 보게 하거나, 양말·지퍼·단추 등을 활용하여 옷 입기를 하거나, 신발 끈이나 구슬 등을 같이 묶거나 꿰어보거나, 고무줄로 모양을 만들거나, 칼로 야채를 같이 써는 등 일상이 곧 손끝놀이가 되도록 할 수 있습니다. 종이를 스티커로 붙이거나 찢고 뭉치거나 자르고 붙이고 만들거나 접는 것도 좋은 손끝놀이입니다. 풀잎이나 솔잎, 짚, 나무 등의 자연물로도 얼마든지 손끝놀이를 해볼 수 있습니다.

대여섯 살 정도가 되면 천이나 실로 본격적인 손끝놀이를 해볼 수 있습니다. 수를 놓거나 바느질을 해서 필통, 방석, 주머니, 가방, 인형 등 다양한 생활 소품을 만들어 볼 수도 있고, 실을 땋아 줄넘기 줄이나 팔찌, 목걸이 줄을 만들어 볼 수도 있습니다. 상자나 휴지심, 직조틀 같은 도구를 이용해서 목도리, 헤어밴드, 산책가방을 만들어 볼 수 있습니다. 겨울철이 되면 대바늘로 털실 목도리를 떠볼 수도 있습니다.

다양한 손끝활동을 제안할 때 중요한 점은 함께하는 마음입니다. 정해진 순서에 따라 모두가 같은 방식으로 손끝활동을 하고, 같은 결과물을 만들어 내야 하는 게 아닙니다. 원하는 아이들에게 적당한 재료를 준비해 주고, 하는 법을 시범 보여줄 수는 있겠지만, 모두 똑같은 방식으로 정해진 시간에 하게 해서는 안 됩니다. 엄마, 아빠, 그리고 선생님은 아이가 하고 싶어 할 때, 하다가 지치거나 어려운 부분을 만났을 때 든든한 응원군이자 지지자가 되어주어야 합니다.

"잘 안되니? 같이 해볼까?"
"시간이 많아. 천천히 마무리해도 된단다."
"잘 봐봐. 이 부분은 이렇게 하는 거야."
"실 더 필요해? 가져다줄까?"
"조금만 더 힘내서 마무리하면 멋진 가방이 되겠다."
"와아. 잘 했네. 너무 멋지다. 누구한테 선물해도 되겠는데."

이렇게 엄마, 아빠, 선생님은 아이들이 손끝활동을 하는 동안 칭찬해 주고, 격려해 주고, 도와주는 역할을 해야 합니다. 그러려면 아이를 잘 보고 있어야 합니다. 수를 놓을 정도로 손끝에 힘이 생겼는지, 대바느질을 시작할 시간이 되었는지, 하고 싶은 마음이 생겼는지 등 아이 개개인의 요구에 대한 관심이 필요합니다. 아이의 관심을 잘 읽어내고 적절한 도움을 주려면 바느질이나 뜨개질에 대해 기본적인 걸 알아둘 필요가 있습니다. 관련 책을 읽거나 동영상 자료 등을 찾아보면서 틈틈이 직접 해보는 게 좋습니다. 스스로 할 수 있을 때 어떻게 도와주는 게 가장 좋은 방법인지 더 잘 알 수 있기 때문입니다.

모두를 앉혀놓고 수업식으로 설명을 하기보다는, 자유놀이 시간에 한두 명씩 관심이 있는 아이들에게 재료를 소개해 준 다음 해보겠다는 아이들에게만 시작해 보도록 합시다. 먼저 시작한 아이들의 결과물이 생길 때쯤 안 하고 싶어 하던 아이들도 관심이 생기는 경우가 많으니 하기 싫은 아이가 있어도 걱정할 필요는 없습니다. 특히 바느질이나 대바느질 뜨기 같이 시간이 많이 소요되는 실로 하는 손끝활동은 조급해하지 말고 기다려 주는 게 필요합니다. 억지로 시작한 활동은 마무리하기 어려울 뿐 아니라, 부정적 경험으로 이어져서 오히려 하기 싫게 만들 수 있다는 점을 잊지 말아야 합니다. 아이들에게 필요한 것은 손끝을 많이 사용해 볼 기회이지 결과물이 아닙니다.

아이 손가락 끝에서 놀이가 이루어진다.

부산대부설어린이집에는 매일 숲에 가는 어울림숲반이 있습니다. 1995년 개원부터 매일 대학 캠퍼스와 인근 산으로 산책 가는 것으로 유명하지만, 2012년부터 숲에서 더 오래 놀고 싶어 하는 아이들의 요구를 받아들여 점심까지 먹고 오후 2~3시까지 노는 반을 만든 것이 바로 어울림숲반입니다. 다음 이야기는 몇 년 전에 그 반 담임선생님과 나눈 이야기입니다.

> "(아이들이 짚고 올라가는 지팡이를 보고) 선생님, 아이들 지팡이 참 멋지네요."
> "그렇지요. 아이들이 직접 만든 거예요."
> "그래 보여요. 다 길이도 다르고 모양도 다르네요."
> "우리 반 ○○가 어느 날, '선생님 우리도 지팡이 만들어요' 하는 거예요. 산에서 만나는 등산객들이 등산용 스틱을 들고 다니는 걸 유심히 보더니 부러웠나봐요. '그럴까? 근데 어떻게 만들지?' 했더니 우리는 돈이 없으니까 산에서 적당한 나무를 찾아서 만들면 된다는 거예요. 자기가 먼저 한번 만들어 보겠다고 하더라고요. 그러라고 했더니, 그날 그 아이는 놀지도 않고 자기 키에 적당한 나무를 찾느라 바빴어요. 적당한 걸 찾고 기뻐하는 모습이 아직 생각나네요. 그동안 목공작업을 많이 해본 터라, 오후에 교실에 와서 시키지 않았는데도 사포로 손잡이 부분을 갈고 다듬더라고요. 매직펜으로 이름도 쓰고 꾸미기도 했더니 멋진 지팡이가 되었어요. 친구들도 부러워하고, 그 다음 날 등산 가서 잘 썼어요. 그걸 보더니 하나둘 자기네들도 만들겠다고 해서 우리 반 아이들 모두가 자기들만의 지팡이를 가지게 된 거예요. 참 대견한 아이들이지요."

선생님의 이야기를 듣고 나니 아이들의 숲지팡이가 더 멋있어 보였습니다. 맨 처음 만들었다는 아이에게 다가가서 칭찬과 함께 만들 때 힘들지 않았냐고 물었더니 우문현답이 돌아왔던 기억이 납니다.

"아니요. 재미있었어요. 내가 쓸 거니까 내가 만드는 건 당연한 일이죠. 나한테 딱 맞아서 좋아요. 친구들도, 보는 사람들도 멋있다고 하니 더 좋아요."

자기가 쓸 거는 자기가 만드는 게 당연하다는 아이의 말이 내내 마음에 남았던 기억이 있습니다. 손끝놀이를 통해 길러주고 싶었던 '삶을 살아가는 생명력'을 눈앞에서 확인하는 순간이기도 했습니다. 자주 자기 손으로 직접 만들어 본 경험을 가진 아이는, 등산할 때 필요한 지팡이를 스스로 만들어 냈습니다. 스스로 생각하고 자기 손끝으로 지팡이를 만드는 동안 아이가 보여준 모습은 유아교육과정에서 말하는 '놀이' 그 자체였습니다. 주체적으로 놀았고, 놀면서 길이, 질감, 도구의 활용 등을 경험하고 배웠고, 스스로 만드는 즐거움과 자신감까지 얻었습니다. 손가락 끝에서 진정한 놀이가 이루어진 것입니다. 이것이 바로 손끝놀이입니다.

Chapter 1

맨손으로 하는 손끝놀이

1. 손가락 체조
2. 손으로 그리기
3. 밀가루 반죽놀이
4. 곡식 옮기기

1 손가락 체조

손끝놀이는 아이들이 손을 움직여 손의 힘을 기를 수 있도록 하는 것을 말합니다. 일상에서 손은 언제나 사용하는 신체 부위이므로 아이들의 손끝 힘을 길러주는 방법으로는 특별하지 않더라도 아이들의 손을 움직여 주는 다양한 활동들로 이루어질 수 있습니다. 맨손으로도 손끝놀이를 할 수 있답니다. 손 근육을 이리저리 움직여 주고, 주물러 줌으로써 손가락의 근육을 풀어주어 유연하게 만들어 줄 수 있습니다. 손가락 체조는 수놓기, 뜨개질 등 정교한 손놀림이 필요한 활동들을 위한 준비운동이 되어주며 손의 힘도 길러줍니다.

이럴 때 시작해요

- 영아가 자신의 손이나 친구의 손에 관심을 갖고 쳐다보거나 만지고 있을 때, 손을 탐색하며 손가락 체조를 계획해 볼 수 있다.
- 아이들이 바느질 등 손끝놀이를 시작하려고 할 때, 먼저 손가락 체조를 하도록 안내해도 좋다.

이렇게 진행해요

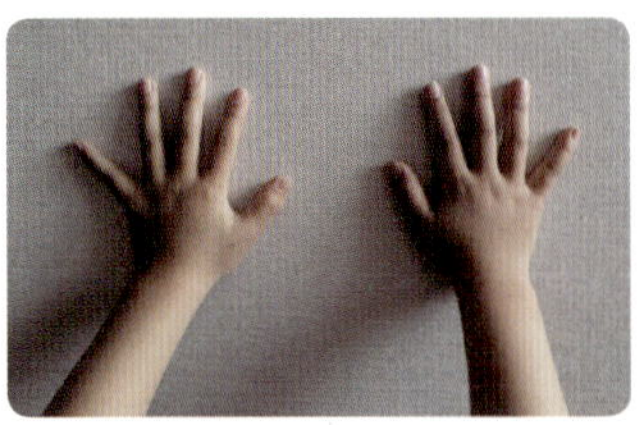

① 두 손을 펼친다.

② 주먹을 쥐듯 오므렸다 폈다를 반복한다.

③ 두 손을 마주 보게 합친 뒤, 마주 닿은 같은 위치의 손가락끼리 끝에 힘주어 밀기를 반복한다.

④ 엄지손가락의 지문이 있는 손끝으로 집게손가락, 가운데손가락, 약손가락, 새끼손가락의 손끝을 차례로 눌러 주며 지압한다.

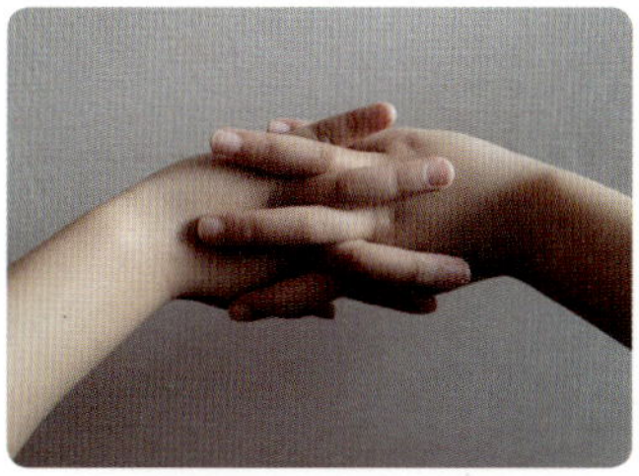

⑤ 두 손을 깍지 낀 채, 두 손바닥을 펼쳐서 스트레칭한다.

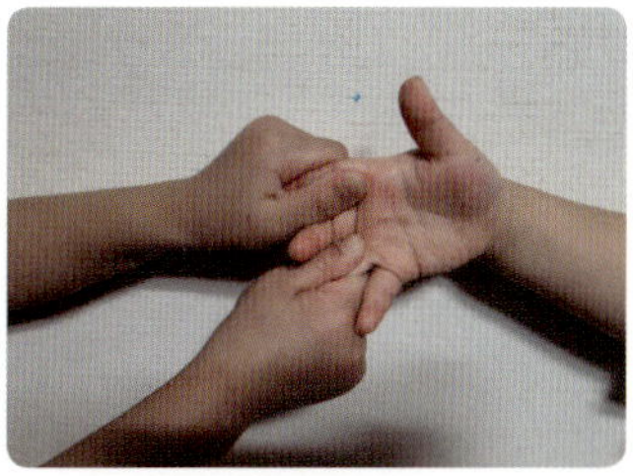

⑥ 친구와 짝을 지어 서로의 손을 지압해 준다.

이렇게 활용해요

• 하루를 시작하며 아침모임을 할 때, 몸짓놀이(영유아용 도인법)를 할 때 손가락 체조를 추가하여 함께 진행해 볼 수 있다.

알아두면 좋을 TIP

초기 적응기간, 부모의 아이 손 마사지 인사 나누기 시간

영아반은 초기 적응기간에 아이와 학부모가 인사를 하기 전, 학부모가 아이의 손과 팔을 주물러 주며 인사 나누는 시간을 가질 수 있도록 안내해 보는 것도 좋습니다. 그 시간을 통해 아이는 손 마사지 이후 부모님과 잠시 떨어지는 시간임을 예측하게 되며, 부모님과의 스킨십을 통해 안정감을 느끼게 됩니다. 또 아이가 하루를 시작하기 전, 손 마사지를 통해 밤사이 굳어진 손의 근육이 풀어져 활기차고 안전하게 하루를 시작할 수 있게 됩니다. 이를 위해서는 초기에 교사가 학부모들에게 자녀의 손과 팔 마사지를 하는 방법을 안내해 줄 수 있으며, 로션 등을 준비하여 부드럽게 마사지를 해줄 수 있도록 환경을 마련해 줄 수 있습니다.

② 손으로 그리기

손끝의 힘을 기른다는 것은 손끝의 감각을 기르는 것과도 이어집니다. 손끝놀이를 통해 아이들의 손에 다양한 감각을 느낄 수 있도록 하는 것도 중요한 부분입니다. 손에 물감 등을 묻히면 촉촉함, 차가움, 미끈함 등의 감각을 느낄 수 있고 손에 묻은 물감을 종이에 찍어보거나 문지르며 또 다른 감각들을 느껴볼 수 있습니다. 그리고 손가락 모양을 잘 찍거나 손에 묻은 물감으로 그림을 그리며 손끝에 힘을 주게 되고, 손끝의 감각을 활용하게 됩니다.

이럴 때 시작해요

- 물감놀이를 처음 접할 때, 붓 등의 도구를 사용하기 어려운 영아의 경우 손에 물감을 묻혀 노는 활동을 계획할 수 있다.
- 천연염색을 하다가, 손에 묻은 천연염색 물감으로 아이들이 놀고 싶어 할 때 종이를 꺼내주어 이어지도록 해도 좋다.

이렇게 준비해요

물감, 다양한 크기의 종이, 붓, 물, 물감 담을 접시, 수건, 여벌 옷

이렇게 진행해요

① 아이들 손바닥보다 큰 접시를 준비한다. 없다면 접시와 붓을 준비한다.

② 접시에 물감을 짜고 물을 부어서 붓으로 저어 물감물을 만든다.

③ 물감물 접시에 손바닥을 찍어서 준비한 종이에 손바닥을 찍도록 한다. 물감물 접시의 크기가 작다면 붓에 물감을 묻혀 손바닥에 칠하도록 한다.

④ 손에 묻은 물감으로 종이에 원하는 그림을 그리도록 한다.

이렇게 활용해요

- 학년 초부터 분기별로 아이들의 손바닥, 발바닥 도장을 찍어서 아이들의 1년 동안 성장 과정을 기록해 볼 수 있다.
- 아이들의 손바닥 도장을 여러 장 찍은 후, 종이를 말리고 모양을 따라 가위로 오려서 다양한 모양으로 꾸며볼 수 있다.

알아두면 좋을 TIP

손바닥 그림 맞히기 게임

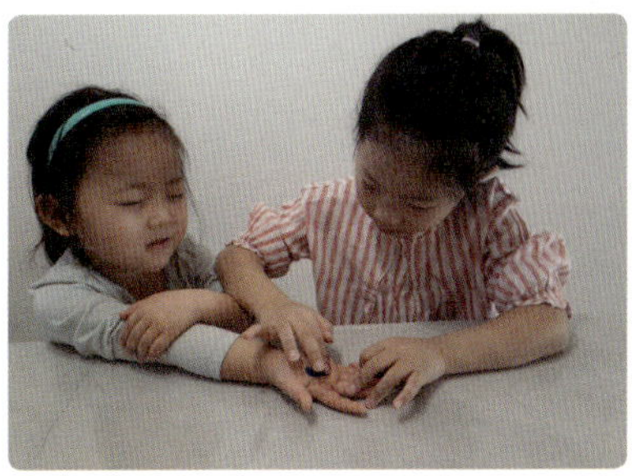

물감이 묻은 손으로 다른 친구의 손바닥에 그림을 그려서 맞혀보는 게임도 할 수 있습니다. 먼저 두 명씩 짝이 되어 마주 앉게 한 후, 한 명은 한 손의 손바닥을 위로 향하게 해서 눈을 감게 합니다. 다른 한 명은 마주 보고 앉은 친구의 손바닥에 물감을 묻은 손가락으로 그림을 그리거나 글씨를 쓰게 합니다. 눈을 감은 아이가 무슨 모양인지 말한 후, 눈을 떠서 자신이 생각한 모양이 맞는지 손바닥의 그림을 보고 확인할 수 있습니다.

사례 1 아빠와 함께 온몸으로 물감놀이 즐기기

딱히 할 일이 없는 주말 오후, 심심해하는 아이와 무엇을 하고 놀면 좋을까요? 블록놀이, 소꿉놀이에 지쳤다면 물감놀이를 제안해 보면 어떨까요? 맨손으로 하는 물감놀이는 아이들의 손끝 촉각을 행복하게 해주는 아주 재미있는 손끝놀이 아이템입니다.

여기 초보 아빠가 들려주는 33개월 아이와 함께 한 신나는 물감놀이 현장을 소개합니다.

일요일 오후, 아내는 아직 첫돌이 안 된 막내딸을 돌보다가 안방에서 낮잠이 든 모양입니다. 첫째 딸은 혼자 블록을 가지고 잘 노는가 싶더니 갑자기 엄마와 동생을 찾기 시작합니다. "엄마 어딨어?" "동생은?" 피곤한 아내가 낮잠을 좀 더 잘 수 있도록 해주고 싶은데, 딸아이는 금방이라도 안방으로 달려 들어갈 기세입니다.

순간 특단의 조치가 필요하다는 생각이 들었습니다. '뭘 하지? 어떻게 해야 1시간 정도 엄마와 동생을 안 찾을까?' 잠시 데리고 나갈까도 생각했지만, 사실 저도 좀 피곤한 상태였습니다. 그래서 집에서 아이가 좋아하는 걸 하게 해주기로 했습니다. 이것저것 생각하다 보니 얼마 전 아이가 엄마랑 식탁 위에서 물감놀이를 하던 게 떠올랐습니다. 그때 식탁이 좀 좁아 보인다는 생각을 했던 게 기억났습니다. 집을 둘러보다가 앞 베란다에서 눈이 멎었습니다. 베란다에서 물감놀이를 하면 아기가 잠에서 깨어 거실로 나와도 방해를 안 받을 거 같았습니다. 마침 집에 전지도 있다는 데 생각이 미치자 아이가 신나게 놀 생각에 아빠인 제가 더 기분이 좋아졌습니다.

"○○야. 아빠랑 물감놀이 할까?"
"응?"
"엄마랑 동생 자니까 우리끼리 신나게 놀자. 맨손으로 그림 그려볼래?"
"맨손으로? 어떻게?"

베란다에 전지를 붙였습니다. 바닥에 3장, 창문에 1장을 준비했습니다. 못 쓰는 달력도 주변에 깔아주었습니다. 아이에게 물감놀이용 앞치마를 입히고, 잘 안 쓰는 냄비를 찾아 여러 가지 물감을 풀어놓았습니다. 맨손으로 물감놀이를 한 건 처음이어서 그런지 처음에는 주춤거리더니 이내 물감의 질감을 느끼기 시작했습니다. 아이는 손바닥 전체를 물감에 묻혀 전지에 찍어보았습니다. 저도 손바닥을 찍었더니 아이는 그 크기에 놀라며 더 신나했습니다. 어느새 여러 가지 색깔의 손바닥이 전지를 가득 메워갑니다.

아이는 처음에는 손바닥만 찍다가 발에 물감이 묻자, 아빠한테 묻습니다. "아빠. 발로 해도 돼?" "당연히 되지." 아이는 더욱 신이 나서 이번에는 발바닥을 찍어냅니다. 손바닥, 발바닥을 찍다가 점점 시간이 갈수록 얼굴에도 물감을 칠하고, 뛰어보기도 하고, 붓을 던져보기도 했습니다. 새로운 시도를 할 때마다 아이의 표정은 더욱 반짝이는 것 같았습니다.

그 후로 여러 번 주말이면 베란다에서 물감놀이를 했습니다. 손과 발로만 물감을 찍는 날도 있었고, 붓을 사용하며 그림을 그리는 걸 즐기는 날도 있었고, 흘러내리는 물감의 모양을 보면서 신기해하는 날도 있었습니다. 아이는 그야말로 시간 가는 줄 모르고 실컷 물감놀이를 즐겼습니다. 아빠인 제가 할 일은 전지를 갈아주고, 아이가 원하는 게 있다고 하면 찾아다 주고, 아이가 만들어 내는 결과물을 보면서 "와아 멋지네. 잘하네." 하면서 약간의 격려를 해주는 일밖에 없었습니다. 별로 해준 것도 없는데 전지 가득 멋진 작품이 덤으로 따라왔습니다. 아이에게도, 아빠인 저에게도 먼 훗날 기억에 남을 추억의 한 페이지입니다.

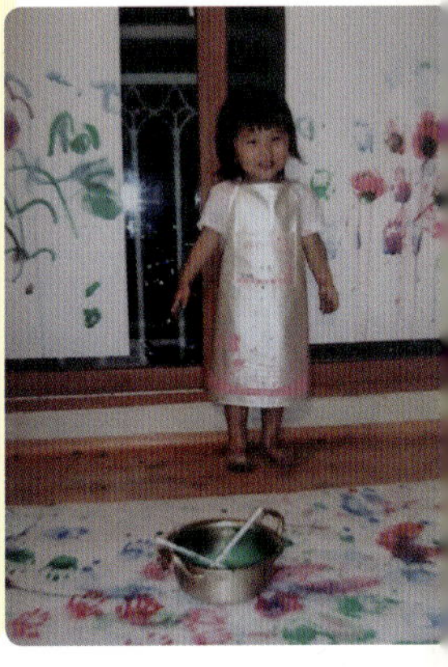

3 밀가루 반죽놀이

밀가루 반죽놀이는 어린 영아부터 할 수 있는 손끝놀이입니다. 만들기를 하던 손이 갑자기 입에 들어가더라도 밀가루와 물로 이루어진 반죽을 만졌던 손이라 안심할 수 있지요. 아이의 피부에도 자극이 덜 가고 다른 점토보다 말랑말랑해서 어린 영아부터 가지고 놀기 좋은 재료입니다. 두드려 보고, 뜯어도 보고, 눌러도 볼 수도 있고, 천연염색물로 색 밀가루 반죽도 만들 수 있어 아이들이 좋아하지요.

이럴 때 시작해요

- 수제비 등의 요리를 하려고 준비하면서 밀가루 점토 놀이를 함께 할 수 있다.
- 이물질이 묻은 손을 입으로 가져가는 영아의 경우, 입에 조금 들어가도 되는 밀가루 반죽으로 점토놀이를 해볼 수 있다.

이렇게 준비해요

밀가루, 물, 큰 그릇, 식용 가능한 천연염색물, 쟁반

이렇게 진행해요

① 큰 그릇에 밀가루를 붓고 손으로 밀가루의 부드러운 질감을 느껴보게 한다.

② 물을 조금씩 부으면서 밀가루와 물이 섞이도록 한다. 색 밀가루 반죽을 만들고 싶다면, 밀가루 반죽에 당근즙, 포도껍질즙, 녹차 등의 천연염색물을 넣으면 된다.

③ 밀가루가 물과 섞여 덩어리가 지면서 밀가루 반죽이 만들어지면, 만들고 싶은 모양을 만들도록 한다.

④ 서늘한 곳에 말린다.

⑤ 남은 반죽을 밀봉하여 서늘한 곳에 보관한다(매일 많은 아이들이 사용하는 경우 위생을 위해 당일 사용 후 처리할 수 있도록 한다).

이렇게 활용해요

- 밀가루 반죽으로 유두잔치에 사용할 유두구슬을 만들어 볼 수 있다. 오색 밀가루 반죽을 만든 후, 동그랗게 알을 만들고, 젓가락이나 재활용 빨대에 동그란 밀가루 반죽을 끼워서 구멍 뚫린 구슬 형태가 만들어지도록 한다. 밀가루 반죽을 통풍이 잘 되는 그늘에 잘 말리면 유두구슬이 완성된다.
- 밀가루 반죽을 얇게 뜯어 넣어 수제비를 만들어 먹을 수 있다.
- 소꿉놀이 도구를 활용하여 밀가루 반죽으로 음식을 차리며 놀이를 할 수 있다.
- 삼월 삼짇날, 중양절과 같은 세시잔치 때 찹쌀가루 반죽을 이용하여 진달래 화전과 국화전을 만들어 먹을 수 있다.

④ 곡식 옮기기

무언가를 집어서 옮기기 위해서는 손의 방향을 조절하고, 두 손가락으로 집는 방법, 그리고 손가락으로 집어 올리는 힘이 필요합니다. 이때 쌀, 콩, 옥수수 등의 곡식은 크기와 질감 등이 다양해서 아이들의 손끝 감각을 살려주는 데 좋은 재료가 될 수 있습니다. 또 일상에서 쉽게 구할 수 있기 때문에 필요할 때 수시로 손끝놀이를 실행할 수 있어 유용합니다.

이럴 때 시작해요

- 영아가 작은 물건을 집으려고 할 때, 손바닥을 모두 사용하여 물건을 집기 어려워하는 모습을 보이는 경우 작은 물건을 집는 방법을 알려주기 위해 계획할 수 있다.

이렇게 준비해요

접시 두 개, 다양한 크기의 곡식

이렇게 진행해요

① 접시를 두 개 마련하고 손바닥과 손가락을 이용하여 콩이 담긴 접시에서 빈 접시로 곡식을 옮겨본다.

② 엄지손가락과 다른 손가락을 이용하여 곡식을 한 알씩 차례로 옮겨본다.

③ 큰 입자의 곡식에서 점차 작은 입자의 곡식으로 단계를 두어 제공한다.

알아두면 좋을 TIP

아이들과 함께 하는 요리활동 - 곡식 껍질 까서 요리하기

아이들과 요리활동을 할 때, 아이들에게 곡식 껍질을 까도록 한 후 같이 음식을 만들어 먹는다면 아주 재미있는 추억이 될 것입니다. 예를 들어, 콩 껍질이 있는 콩을 마련하고 아이들과 둘러앉아 콩 껍질을 깐 후, 깐 콩을 밥이나 떡을 만들 때 함께 올려 쪄서 먹을 수 있습니다. 땅콩을 껍질째 삶아서 새참 시간에 껍질을 까면서 먹는다면 더욱 재미있겠지요. 그 외에도 옥수수알을 알알이 깐 후 옥수수밥을 해먹을 수도 있고, 석류 알을 알알이 까서 함께 석류청을 만들어 석류차 한 잔을 나눠마신다면 제 손으로 만들어 먹는 재미가 더욱 있을 것입니다.

Chapter

2

일상용품으로 하는 손끝놀이

5 숟가락·젓가락질

숟가락질과 젓가락질은 살아가며 꼭 필요한 자조기술 중 하나라 할 수 있습니다. 기본생활습관이라 여겨지던 숟가락질과 젓가락질도 손끝놀이에 포함됩니다. 숟가락·젓가락을 쥐는 방법을 익히고, 숟가락을 들어서 원하는 음식을 뜨거나 젓가락을 쥐고 원하는 음식을 집는 힘을 기르는 것은 모두 손의 힘을 요하기 때문입니다. 숟가락·젓가락질은 기본생활습관 교육이기도 하지만 손끝놀이의 일환임을 기억합시다.

이럴 때 시작해요

- 만 1세 영아들이 스스로 음식을 먹기 위해 숟가락을 사용하려고 관심을 가질 때, 숟가락을 쥐는 방법을 알려줄 수 있다.
- 만 2~3세 정도의 유아가 젓가락질에 관심을 가지면, 젓가락질 사용법 안내를 계획할 수 있다.

이렇게 준비해요

접시 두 개, 숟가락 또는 젓가락, 솔방울, 곡식 등

이렇게 진행해요

① 숟가락·젓가락 쥐는 방법을 알아본다.

② 솔방울과 숟가락·젓가락, 접시 2개를 준비한다.

③ 숟가락·젓가락을 이용하여 솔방울을 접시에 옮겨 담는다.

이렇게 활용해요

- 아이들의 소근육을 길러주는 운동으로 젓가락질 대회를 열어볼 수 있다. 젓가락질 대회를 열면 젓가락질에 어려움을 가지던 아이들에게 흥미를 유발하여, 스스로 연습할 수 있는 기회를 마련해 줄 수 있다.

알아두면 좋을 TIP

숟가락·젓가락질 연습 재료의 순서

아이들이 숟가락·젓가락질을 연습할 때, 먼저 입자가 큰 것에서 작은 것으로 단계를 두어 제공해 주는 것이 좋습니다. 그리고 재료의 표면이 매끈하여 숟가락으로 떴을 때 잘 굴러 떨어지거나, 젓가락질을 했을 때 집어지지 않고 사이로 빠지는 것보다는 솔방울과 같이 표면이 울퉁불퉁하여 고정할 수 있는 재료를 먼저 제공해 주어 아이들의 자신감과 성취욕을 일으켜 주는 것이 필요합니다. 아이들의 경우, 굳이 젓가락을 사용하지 않아도 포크나 보조 젓가락이라는 도구를 이전에 사용해 왔기 때문에 젓가락질을 꼭 해야 한다는 필요성을 느끼지 못할 수 있습니다. 그러니 젓가락질 시도가 계속 실패하면 흥미를 잃고 본래 사용하던 포크나 보조 젓가락을 사용하려고 할 것이기 때문에 젓가락질을 연습할 때, 단계를 두어 성취감을 통해 점점 도전할 수 있도록 해주어야 합니다.

⑥ 옷 입기

"내가 할 거야!"라는 말을 시작하면서 영아들은 스스로 옷을 입어보려는 모습을 보이게 됩니다. 옷을 입고 벗을 때 단추를 꿰거나 지퍼를 잠그고, 양말을 신고, 신발을 신고, 리본을 묶는 등의 과정에서 손을 아주 많이 움직이게 됩니다. 그러니 옷을 입고 벗는 시간은 단순히 옷을 갈아입는 시간만이 아닌 손끝놀이 시간이라 할 수 있습니다. 옷을 갈아입는 것을 단순한 행동으로 여긴다면 성인이 도와주는 것이 효율적이라 여겨지겠지만, 이를 손끝놀이라고 여긴다면 아이가 스스로 옷을 입을 수 있도록 구체적으로 방법을 알려주고, 재촉하지 않고 충분한 시간을 주는 것으로 이어지게 될 것입니다.

이럴 때 시작해요

- 아이가 스스로 옷을 입으려고 할 때, 스스로 할 수 있는 기회를 준다.
- 아이가 혼자 옷을 입으려고 하는데 지퍼 올리기나 단추 꿰기를 어려워할 때 자연스럽게 방법을 알려준다.

● 양말 신고 벗기 ●

이렇게 진행해요

① 양말의 양 끝을 두 손으로 잡아서 양말목을 벌린다.
② 벌린 양말목을 발 가까이 가져가서 발가락부터 양말을 신는다.

● 지퍼 올리기 ●

이렇게 진행해요

① 옷을 바닥에 펼쳐 놓게 한다.

② 양손으로 지퍼의 양쪽 끝을 각각 잡고 지퍼의 홈 속에 반대편 옷 끝을 끼우도록 한다.

③ 지퍼 끝이 정확히 맞춰지면 지퍼를 올린다.

④ 아이가 지퍼가 있는 옷을 입은 채, 지퍼를 올리고 내려보도록 한다.

⑤ 아이가 혼자서 지퍼를 올리고 내릴 수 있도록 충분한 시간을 가지고 기다려 준다.

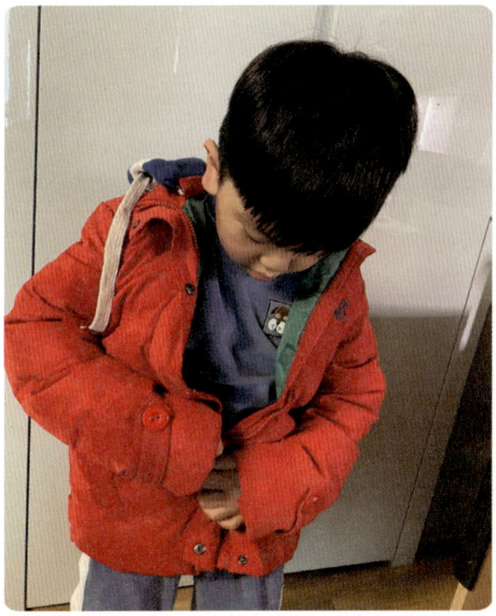

단추 꿰기

이렇게 진행해요

① 옷을 바닥에 펼쳐 놓게 한다.

② 한 손으로 단추 구멍이 있는 부분에 손을 넣어 잡고 있게 한다.

③ 다른 한 손의 엄지와 검지를 사용하여 단추를 잡게 한다.

④ 잡은 단추를 단추 구멍에 넣은 손으로 가져간다.

⑤ 단추 구멍 사이로 넣은 손이 다른 손에 있던 단추를 잡아서 구멍 사이로 빠지게 한다.

⑥ 아이가 단추가 있는 옷을 입은 채, 단추를 꿰어보도록 한다.

⑦ 아이가 혼자서 단추를 꿸 수 있도록 충분한 시간을 가지고 기다려 준다.

알아두면 좋을 TIP

단추 꿰기 · 지퍼 올리기 판

아이들이 단추 꿰기·지퍼 올리기에 관심을 가진다면, 자유놀이시간에도 단추 꿰기·지퍼 올리기를 연습할 수 있도록 교구를 만들어 줄 수 있습니다. 먼저 하드보드지와 같이 딱딱한 종이에 아이 상체 모양의 판을 만들어 줍니다. 그리고 단추가 있는 옷 또는 지퍼가 있는 옷을 만들어 둔 판에 걸어줍니다. 판에 옷이 고정되어 있기 때문에 천이 움직이지 않아서 단추를 꿰거나 지퍼를 올릴 때 조금 더 수월하게 연습할 수 있게 됩니다. 아이들이 수시로 단추 꿰기·지퍼 올리기를 연습할 수 있도록 단추 꿰기·지퍼 올리기 판을 벽면에 걸어둡니다.

7 끈 꿰기와 묶기

주위를 둘러보면 끈은 아주 많이 활용됩니다. 운동화 끈, 선물포장용 끈, 커튼 끈 등 끈을 꿰고 묶는 일도 자주 일어나지요. 일상에서 끈을 꿰고 묶는 것은 손끝의 힘을 요구합니다. 일상에서 접할 수 있는 끈들로 아이들과 손끝놀이를 해보는 것은 손끝놀이를 넘어 일상의 자조기술을 익히는 것이기도 합니다.

장판 끈 꿰기

이럴 때 시작해요

- 아이가 언니, 오빠나 성인의 바느질에 관심을 보일 때, 이를 위한 준비로 꿰기를 연습해 볼 수 있다.
- 영아의 손끝놀이로 제시해 줄 수 있다.

이렇게 준비해요

장판, 매직, 펀치, 굵은 실(털실, 운동화 끈 등)

이렇게 진행해요

① 장판과 같이 찢어지지 않고 단단한 천을 준비한다.

② 교사가 장판에 매직으로 그림을 그린다.

③ 장판을 따라 펀치나 송곳으로 구멍을 뚫는다. 단계에 따라 구멍의 크기를 줄이고 구멍의 개수는 늘린다.

④ 끈을 구멍 그림의 맨 앞에 끼운 후 매듭을 크게 만들어 구멍 사이로 빠지지 않도록 한다.

⑤ 반대편 끈에 테이프를 둘러 끈의 보풀이 일어나지 않도록 한다. 바늘처럼 끝을 모아주어 구멍 사이로 쉽게 들어가는 역할도 함께 한다.

⑥ 아이들이 구멍 순서대로 끈을 위 아래로 꿰어보도록 한다.

이렇게 활용해요

- 끈 꿰기에 익숙해지면 아이들이 스스로 운동화 끈을 꿰어보도록 연습해 보게 한다.
- 끈 꿰기에 익숙해지면 종이에 아이들이 직접 그림을 그리게 한 후, 펀치로 구멍을 뚫고 포근한 느낌이 나는 크리스마스 카드 만들기를 해볼 수 있다.

리본 묶기

이럴 때 시작해요

- 아이가 리본을 예쁘게 묶고 싶어 할 때 알려줄 수 있다.
- 끈이 있는 운동화를 신고 왔을 때, 리본 묶기 방법을 안내해 줄 수 있다.

이렇게 진행해요

① 한 손에 한쪽씩 끈을 잡은 후, 교차하여 묶는다.

② 오른손 앞에 있는 끈은 오른손으로 끈을 말아 고리를 만든 후, 엄지, 집게, 가운데 손가락을 이용하여 고리를 잡는다. 왼손 앞에 있는 끈은 왼손으로 끈을 말아 고리를 만든 후, 엄지, 집게, 가운데 손가락을 이용하여 둥근 고리를 잡는다.

③ 잡고 있는 두 고리를 교차한 후, 처음 만든 매듭과 끈 사이의 공간으로 한쪽 고리를 넣어서 뺀다.

④ 리본이 만들어지면, 두 고리를 양 손으로 당겨서 리본 모양을 바르게 잡는다.

이렇게 활용해요

- 리본 묶기에 익숙해지면 아이들이 스스로 운동화 끈이나 옷에 달린 끈을 리본으로 묶어보도록 연습해 보게 한다.

부록 1 엄마, 아빠, 선생님을 위한 손끝놀이 ● 리본핀 만들기

여자아이들이 특히 좋아하는 리본. 선생님이나 부모가 직접 만들어 주는 리본이라면 얼마나 더 좋아할까요? 영아반 적응기간에 부모님과 함께 만들어 봐도 좋고, 우리 반 아이의 생일에 특별한 선물로 만들어 줘도 좋겠지요. 간단한 방법으로 귀여운 리본핀을 만들어 봅시다.

이렇게 준비해요

다양한 리본 천(골지리본, 공단 등), 핀대(원하는 크기), 실(또는 철사), 바늘, 가위, 글루건, 양면테이프, 라이터

● 리본핀 만들기 1 ●

이렇게 진행해요

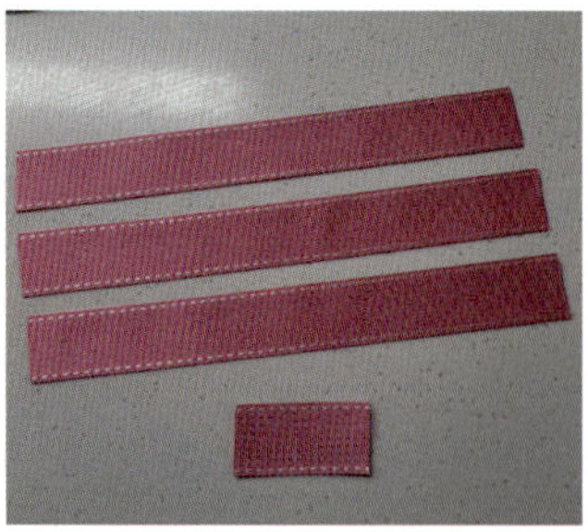

① 리본 천을 20cm 3개, 5cm 1개로 자른다.

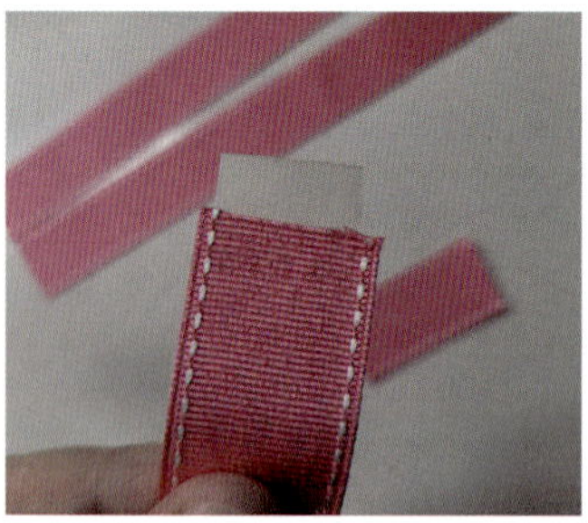

② 리본 천 끝에 양면테이프를 붙인다.

③ 반대쪽 리본 천 끝을 붙여 둥근 원통 모양으로 만든다.

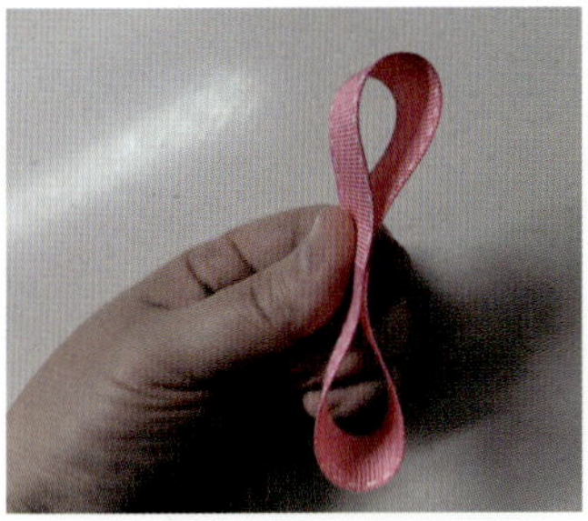

④ 안쪽 양면테이프를 제거해 눌러 8자 모양으로 만든다.

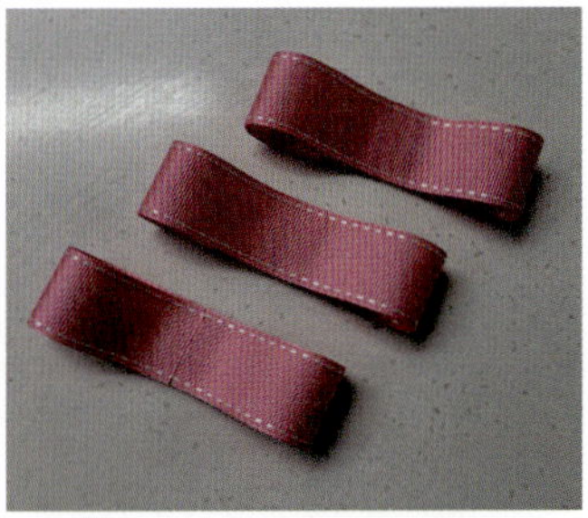

⑤ 똑같이 반복하여 3개를 만든다.

⑥ 중간에 주름이 생기도록 잡은 뒤 철사(또는 실)로 묶어 리본 모양으로 만든다.

⑦ 똑같이 반복하여 3개를 만든다.

⑧ 두개 리본을 위아래로 묶어 큰 리본으로 만든다.

⑨ 나머지 리본을 위에 얹어 떨어지지 않게 글루건으로 붙여준다.

⑩ 그런 다음 입술매듭리본★을 큰 리본 중앙에 돌려 감싸준 뒤 글루건으로 고정시킨다.

⑪ 글루건으로 핀대를 붙여 마무리한다.

★ 리본핀 마무리의 기본 매듭. 입술매듭리본

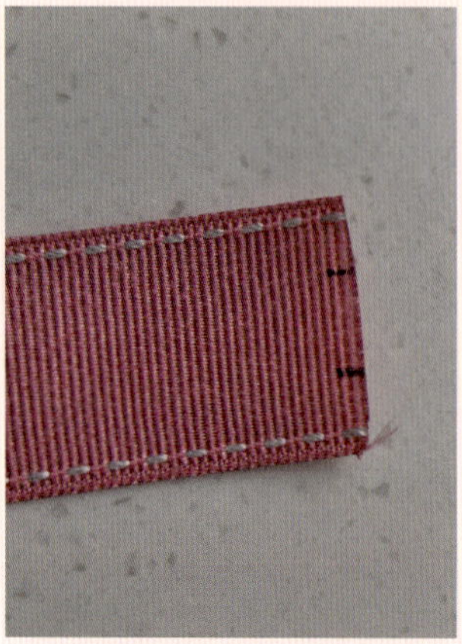

① 리본핀 가운데 두를 만큼의 적당한 길이의 리본 천을 준비한다. 먼저 리본 천의 끝을 3등분한다.

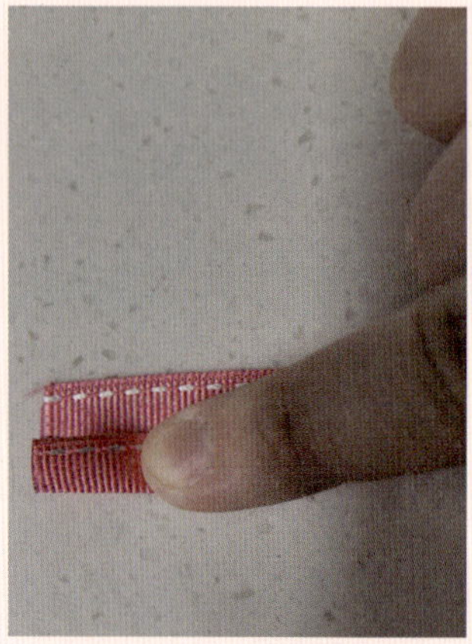

② 왼쪽 점을 기준으로 오른쪽 점까지 앞으로 접는다.

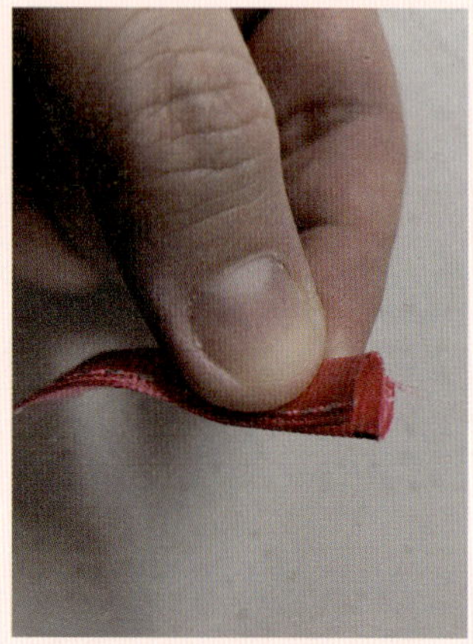

③ 나머지 남아있는 오른쪽 1/3은 점을 기준으로 뒤로 꺾어 접는다.

④ 위에서 봤을 때 S자 모양이 되는지 확인하고 글루건으로 살짝 고정시킨다.

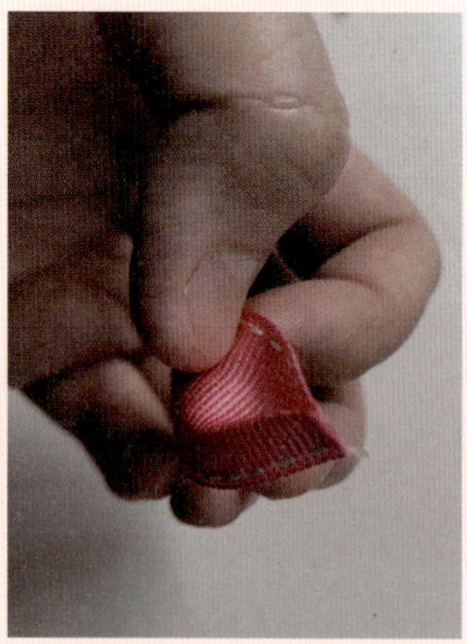

⑤ 반대편도 같은 방법으로 고정시킨다.

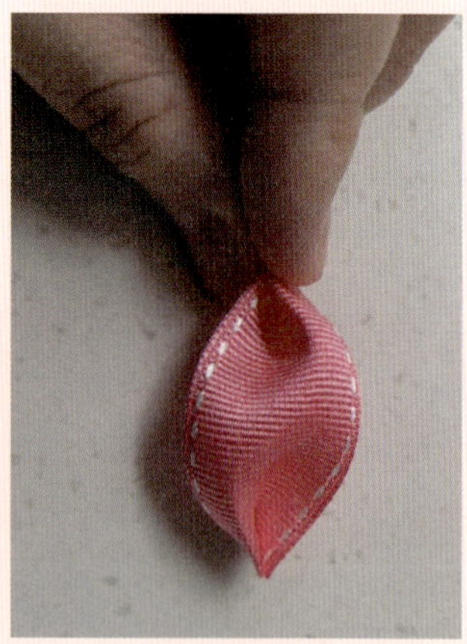

⑥ 서로 반대 방향이 안으로 쏙 들어가 있으면 입술매듭이 완성된다.

리본핀 만들기 2

이렇게 진행해요

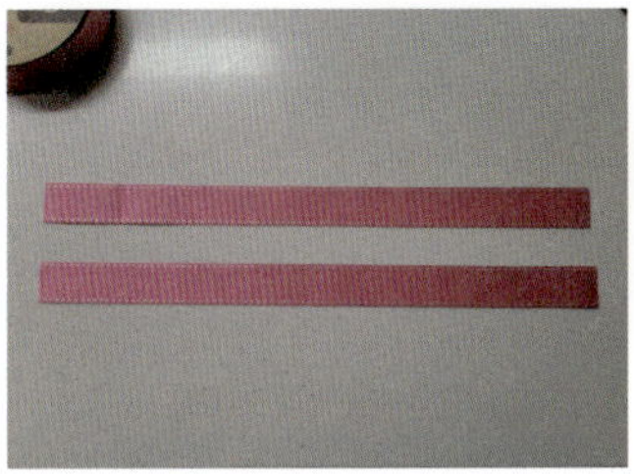

① 폭 25mm, 길이 30cm 내외의 리본 천을 준비한다.

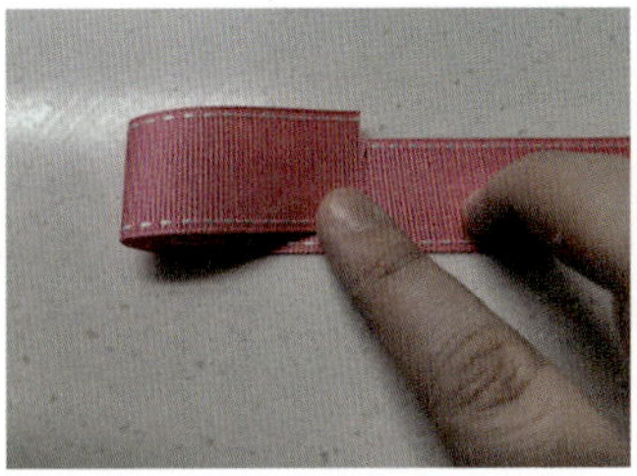

② 원하는 리본의 1/2 크기만큼 오른쪽으로 접는다.

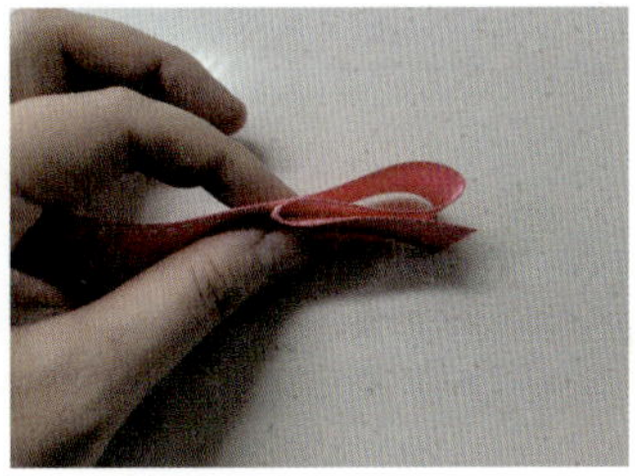

③ 오른쪽에 있는 뒷면이 보이는 리본 천을 왼쪽 뒤로 접어 넘긴다.

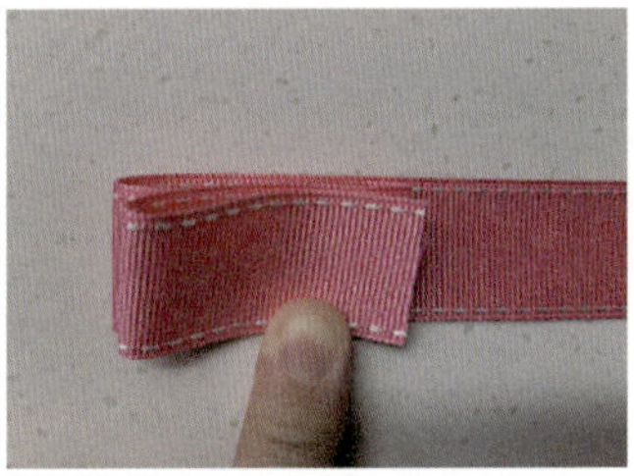

④ 그 상태에서 뒷 리본 천은 또 접어서 오른쪽으로 접어 넘긴다. 2회 반복한다.

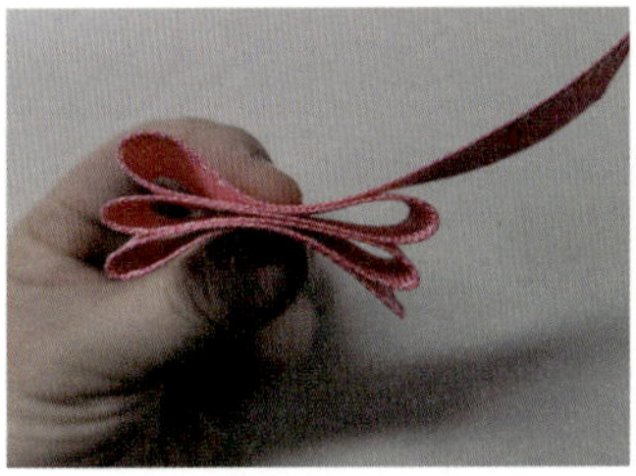

⑤ 왼쪽 편에 3칸 접힌 모양이 나오고, 오른쪽은 2칸과 리본 끝 2개가 오도록 한다.

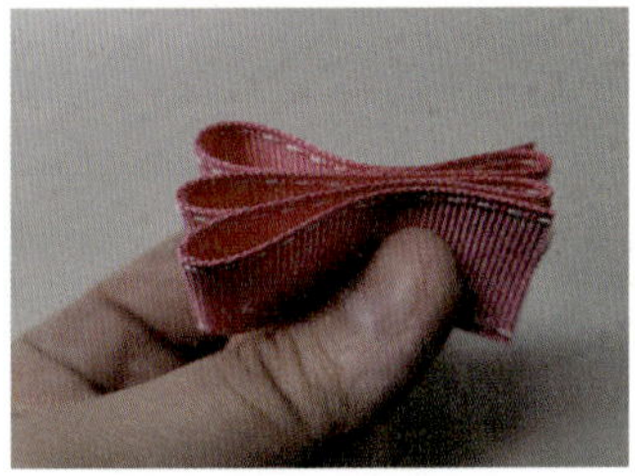

⑥ 길이에 맞게 자른 뒤, 라이터로 끝을 살짝 태워 끈이 풀리지 않도록 한다.

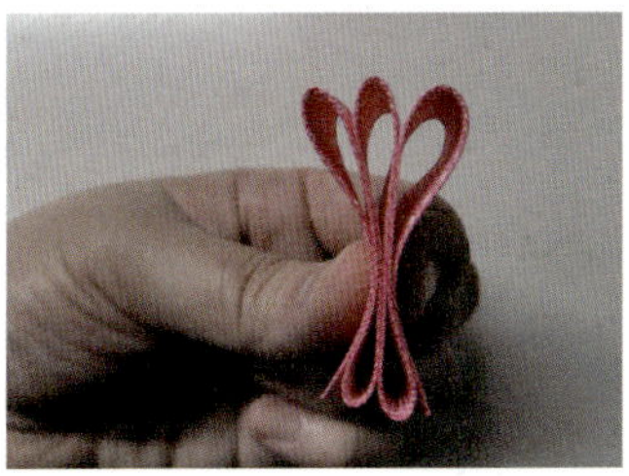

⑦ 위쪽으로 3칸 접힌 모양이 보이게 끝을 잡은 뒤

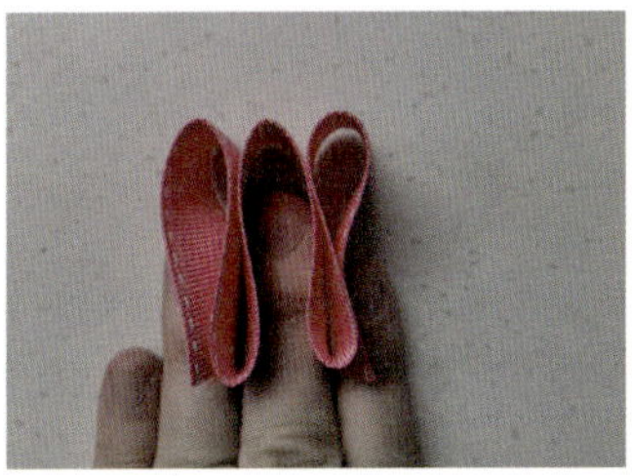

⑧ 가운데 칸을 기준으로

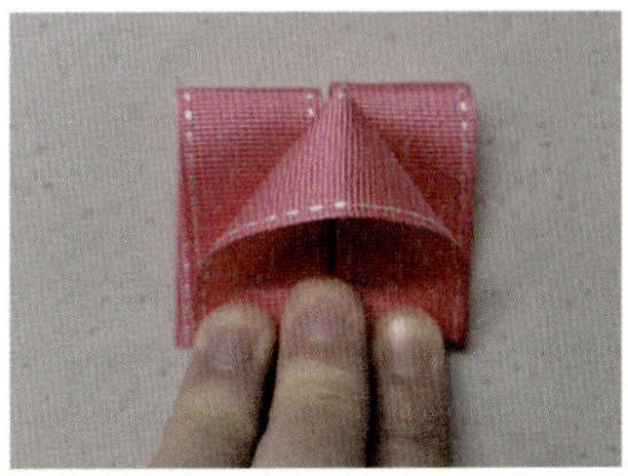

⑨ 양쪽 일자로 만나게 벌린다.

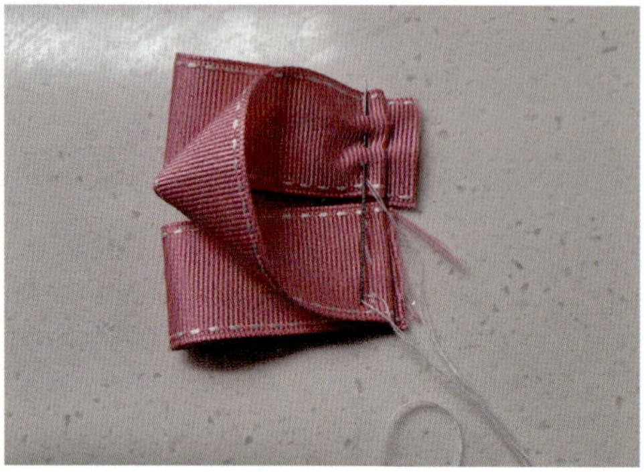

⑩ 아랫부분을 따라 바느질을 한다.

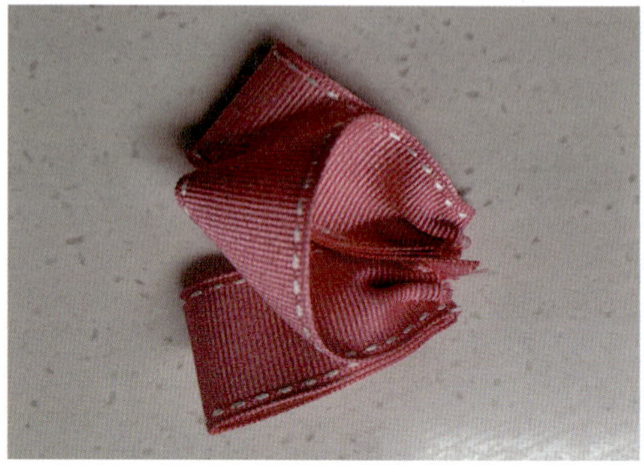

⑪ 한쪽 완성!

⑫ 2개를 만들어 가운데를 중심으로 붙여준다.

⑬ 입술매듭으로 리본의 가운데를 감싼다.

⑭ 글루건으로 핀대를 붙이면 완성된다.

리본핀 만들기 3

이렇게 진행해요

① 폭 25mm, 길이 60cm 내외의 골지리본 천을 두 가지 준비한다(서로 다른 리본을 2개 겹쳐서 만드는 리본 형태).

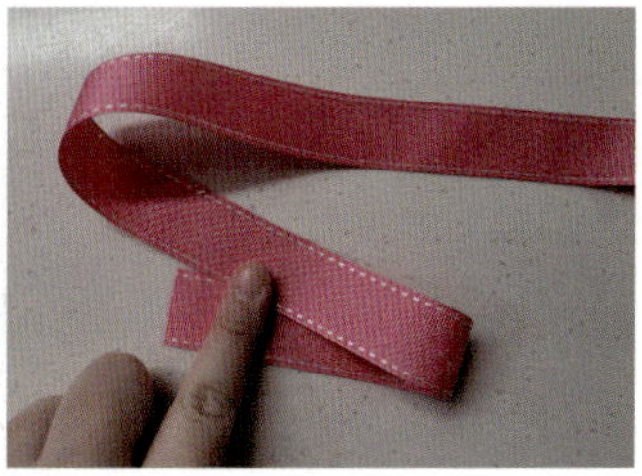

② 먼저 아래 리본을 만든다. 리본 천을 길게 잡고 12cm 정도 되는 곳에서 위로 올린다. 이때 왼쪽 위쪽 리본 천 끝으로 딱 맞춰 접는다.

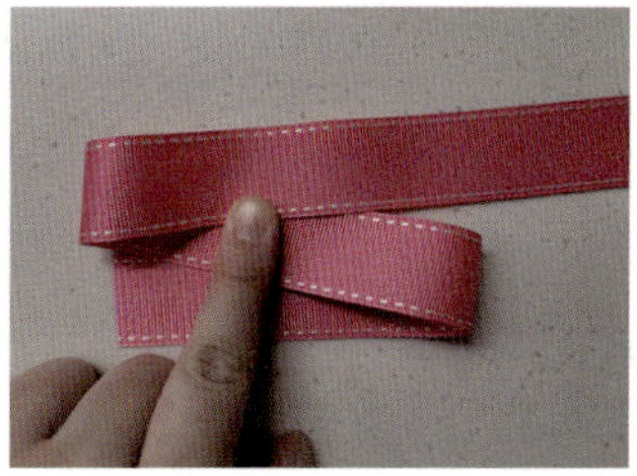

③ 이번에는 다시 오른쪽으로 한 번 접는데 이때 오른쪽도 왼쪽과 마찬가지로 오른쪽 위쪽으로 끝을 맞춰 접는다.

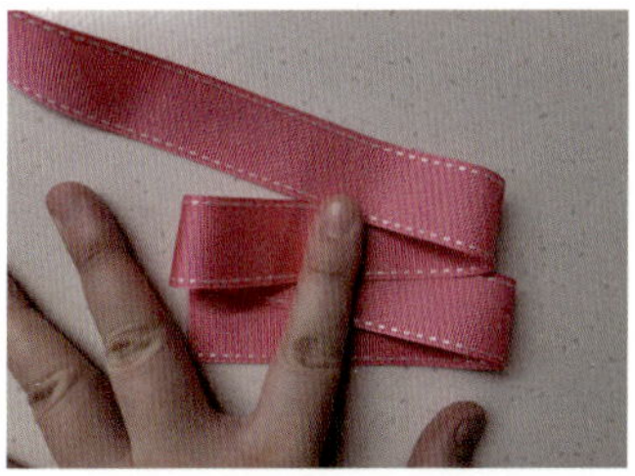

④ 같은 방법으로 다시 한번 더 왼쪽으로 접는다.

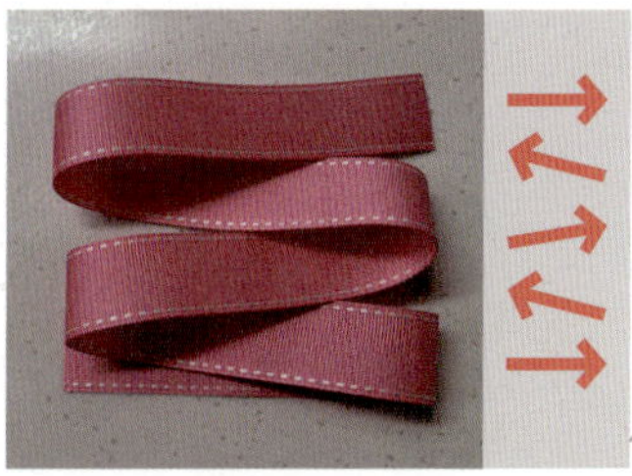

⑤ 같은 방법으로 다시 한번 더 오른쪽으로 접어 N자가 2개가 되도록 만든다(화살표를 보면 보다 이해가 쉽다).

⑥ 실이나 철사로 가운데를 둘러 접는다.

⑦ 주름을 잡으며 가운데로 모아주면 양쪽으로 리본이 3개씩 생긴다.

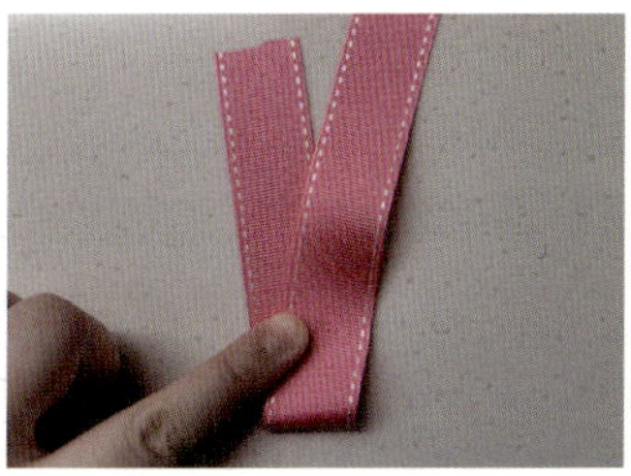

⑧ 이번에는 위에 덧댈 리본을 만든다. 먼저 오른쪽 위로 꺾어 올려 접는다.

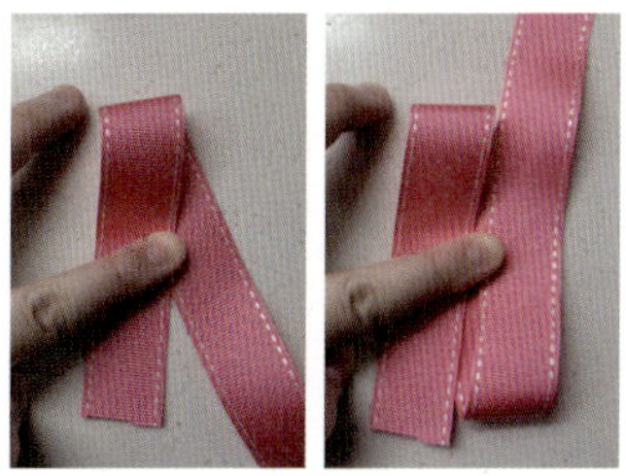

⑨ 뒤로 돌려 뒤집은 뒤, 리본 천을 위로 접어 올린다.

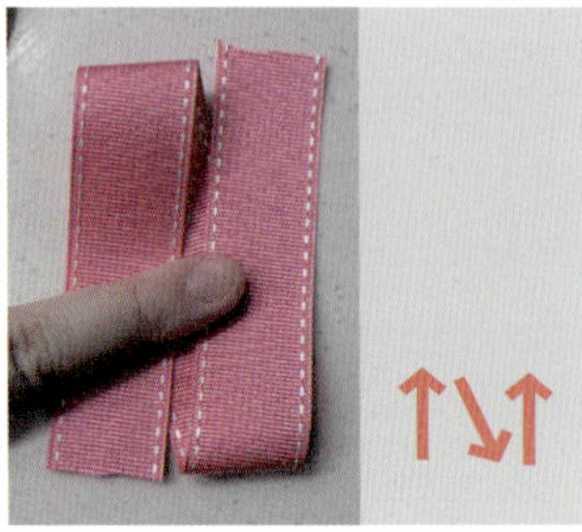

⑩ 그림과 같이 N자 형태가 되도록 만들면 된다.

⑪ 아래 리본의 형태와 마찬가지로 실이나 철사로 가운데 주름을 잡는다.

⑫ 완성된 두 리본을 겹쳐 글루건으로 붙이고, 가운데를 입술매듭리본으로 감싼다. 이후 핀대를 붙이면 완성된다.

⑧ 구슬 꿰기

구슬 꿰기는 아이들과 성인 모두 좋아하는 손끝놀이입니다. 다양한 종류의 구슬이나 재료를 꿰어 목걸이, 팔찌 등의 장신구는 물론 가정의 소품 등을 만들어 볼 수 있기 때문입니다. 구슬을 꿰는 방법도 간단하여서 아이들이 집중해서 참여할 수 있으며, 결과물도 빨리 만들어져서 성취감을 느끼기에 좋은 손끝놀이 중 하나랍니다.

이럴 때 시작해요

- 유두잔치에서 유두구슬 팔찌를 만들기 위해 준비해 볼 수 있다.
- 아이가 목걸이, 팔찌를 가지고 싶어할 때 함께 만들어 볼 수 있다.
- 감사한 마음을 전할 분들을 위해 만들기가 필요할 때 계획해 본다.

이렇게 준비해요

끈(낚시줄), 양쪽에 구멍이 뚫린 구슬(대나무 팔찌, 유두구슬, 빨대 등), 가위

이렇게 진행해요

① 구멍이 뚫린 구슬과 끈을 준비한다. 구멍이 큰 것과 작은 것들을 고려하여 제시해 줄 수 있다.
② 끈을 구슬의 한쪽 구멍에 끼워서 구슬을 통과시킨다.
③ 반대편 구멍으로 끈이 나오면 다른 손으로 잡아 빼낸다.
④ 아이가 원하는 만큼 구슬을 꿰게 한 후, 끈을 자르고 매듭을 지어준다.

이렇게 활용해요

- 구슬을 꿰어 팔찌나 목걸이를 만들어 볼 수 있다.
- 유두구슬을 만든 후, 유두잔치에 유두구슬 팔찌를 만드는 활동을 할 수 있다.
- 여름에 문에 걸어둘 발을 만들 수 있다.

9 고무줄로 만들기

알록달록 다양한 색의 팔찌는 여느 아이라면 다 좋아하지요. 그렇다면 내가 직접 만드는 팔찌라면 어떨까요? 아이들 머리를 묶일 때 흔히 쓰는 작고 동그란 고무줄로 팔찌를 만들 수 있답니다. 고무줄 팔찌 만들기는 패턴과 순서, 규칙에 맞게 만들어야 하기 때문에 자연스럽게 집중력이 강화되고, 내 마음대로 다양한 색으로 바꾸어 가며 만들어 볼 수 있어 창의력을 기를 수 있습니다. 고무줄로 만든 펜던트까지 달아주면 금상첨화겠지요? 무엇보다 스스로의 노력으로 근사한 모양의 팔찌를 만들었다는 성취감을 얻을 수 있습니다.

● 팔찌 만들기 ●

이럴 때 시작해요

- 아이들이 액세서리에 관심을 가질 때, 고무줄 팔찌 만들기를 준비한다.
- 쓰고 남은 고무줄이 있을 때 만들기를 계획한다.

이렇게 준비해요

다양한 색의 고무줄, Y자 틀(또는 펜 두 자루–2개의 막대 형태면 모두 가능), 코바늘(또는 클립), S자 고리(또는 실)

Y자 틀, 코바늘

나무젓가락으로 만든 Y자 틀

색연필 두 자루만 있어도 할 수 있어요

이렇게 진행해요

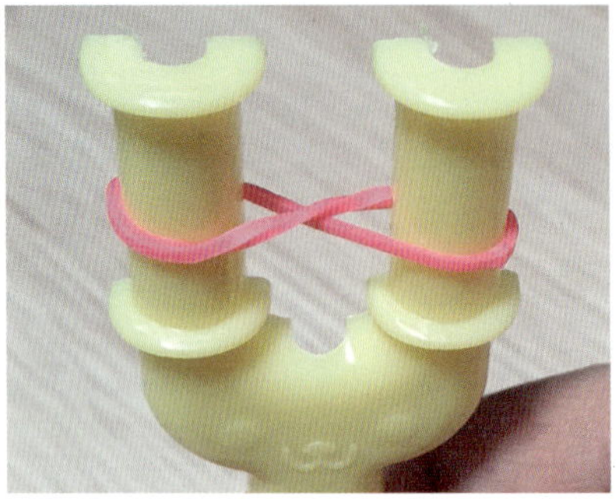

① 고무줄을 Y자 틀에 8자 모양으로 끼운다.

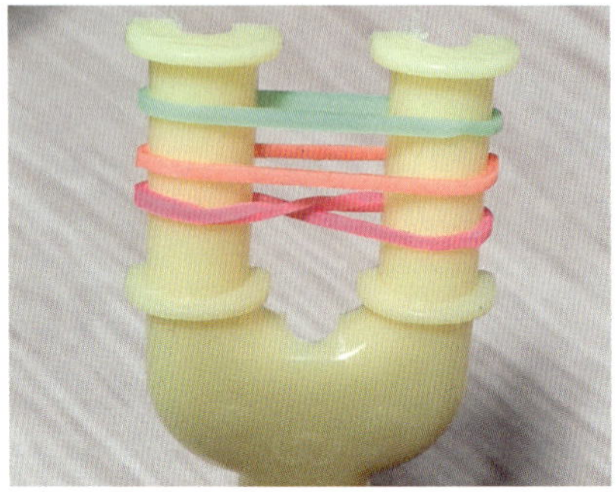

② 고무줄 두 줄을 추가로 끼운다.

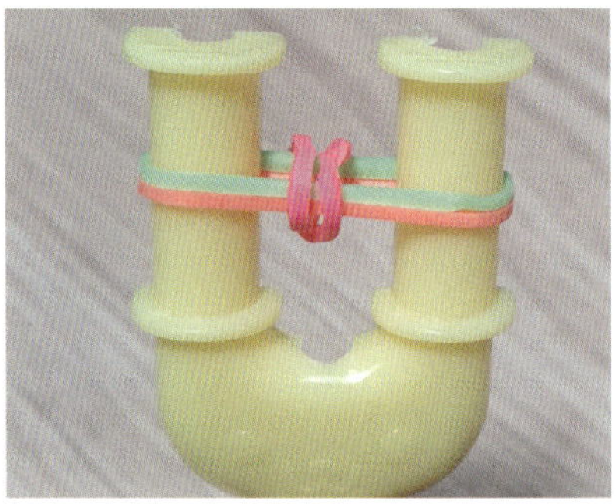

③ 양쪽의 맨 아래 고무줄을 코바늘로 잡고 가운데로 오게 만든다.

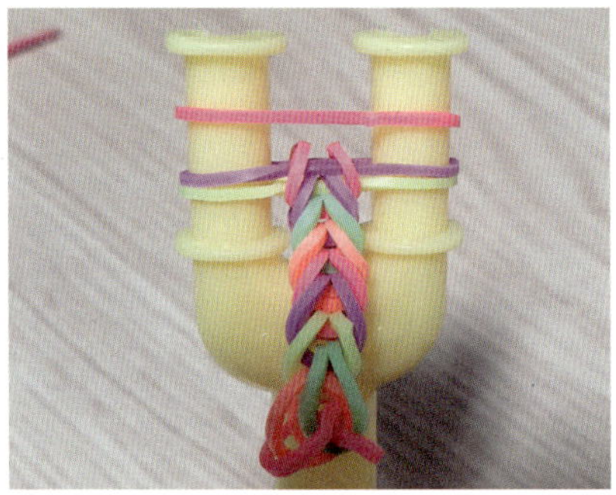

④ 고무줄 한 줄을 추가해서 ③→④를 원하는 길이만큼 반복한다.

⑤ 팔찌 양 끝에 S자 고리를 끼운다(또는 실로 양 끝을 연결하여 묶는다).

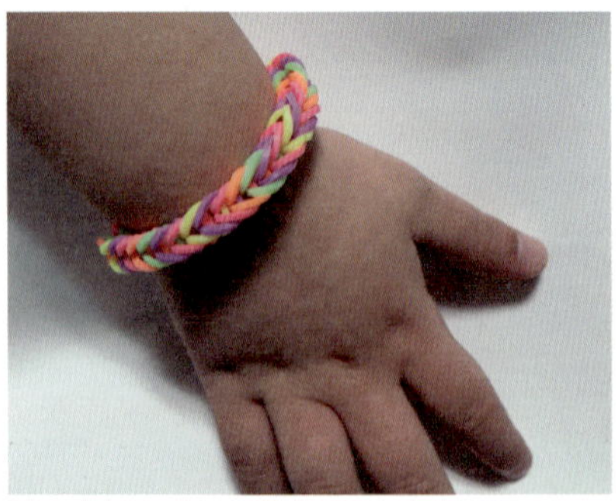

⑥ 완성(다양한 색의 고무줄로 패턴을 정하여 반복하거나 여러 가지 색의 고무줄로 만들 수 있다).

딸기 펜던트 만들기

이렇게 진행해요

① 고무줄을 Y자 틀에 8자 모양으로 끼운다.

② 빨간색 고무줄을 두 줄 추가로 끼운다.

③ 양쪽의 맨 아래 고무줄을 코바늘로 잡고 가운데로 오게 만든다.

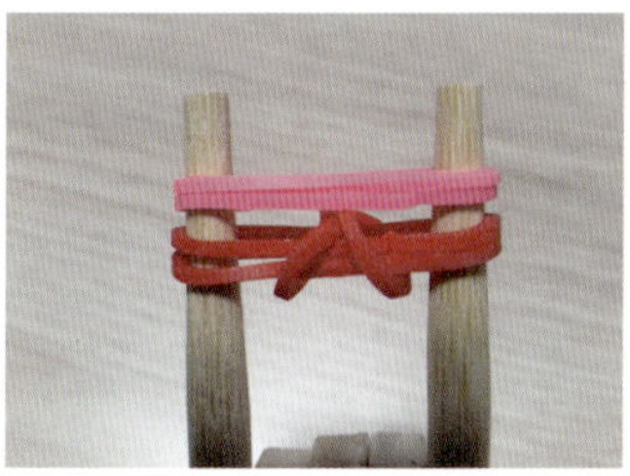

④ 분홍색 고무줄을 두 줄 추가로 끼운다.

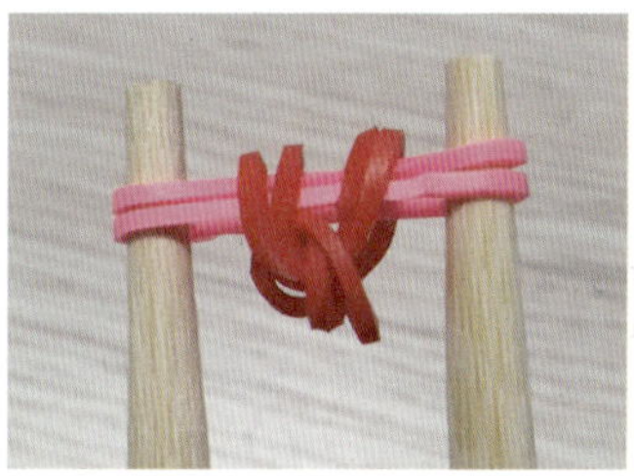

⑤ 아래의 빨간색 고무줄 2개를 코바늘로 한꺼번에 잡고 가운데로 오게 만든다.

⑥ 연두색 고무줄을 두 줄 추가로 끼운다.

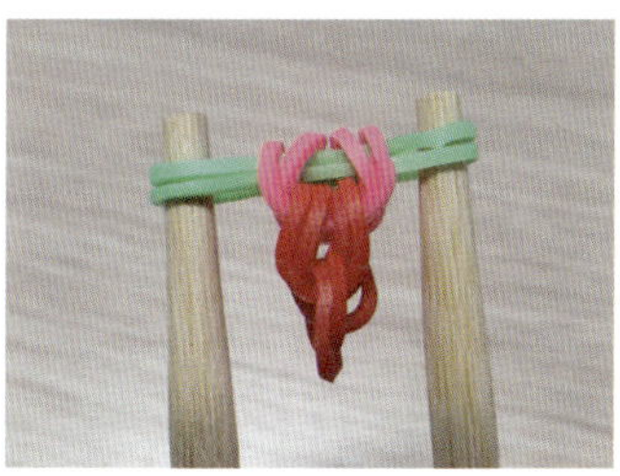

⑦ 아래의 분홍색 고무줄 2개를 코바늘로 한꺼번에 잡고 가운데로 오게 만든다.

⑧ 아래의 연두색 고무줄 2개를 막대에 모아 꽂는다.

⑨ 같은 모양으로 3개 만든다.

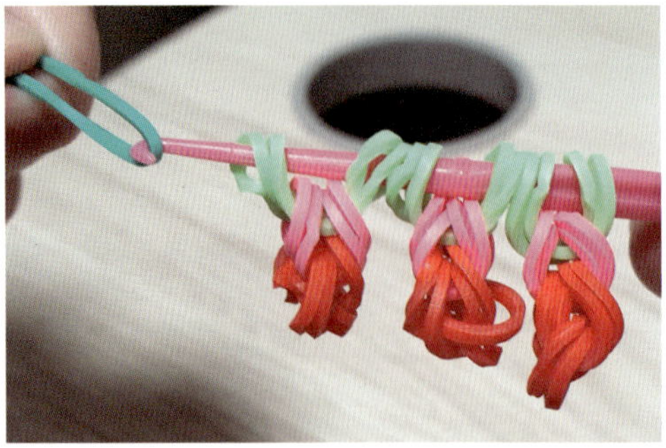

⑩ 줄기가 될 초록색 고무줄 1개를 코바늘 끝에 끼운다.

⑪ 초록색 고무줄에 한꺼번에 걸어 뺀다.

⑫ 앞 코를 뒷 코에 걸어 뺀 뒤, 고무줄을 단단히 당긴다.

⑬ 아래쪽 3개도 같은 방법(⑩번처럼)으로 걸어 빼준다.

⑭ ⑫번과 같은 방법으로 걸어 뺀다.

⑮ 남은 고무줄은 딸기 안쪽으로 꿰어 넣으면 완성된다.

알아두면 좋을 TIP

룸밴드 공예가 무엇인가요?

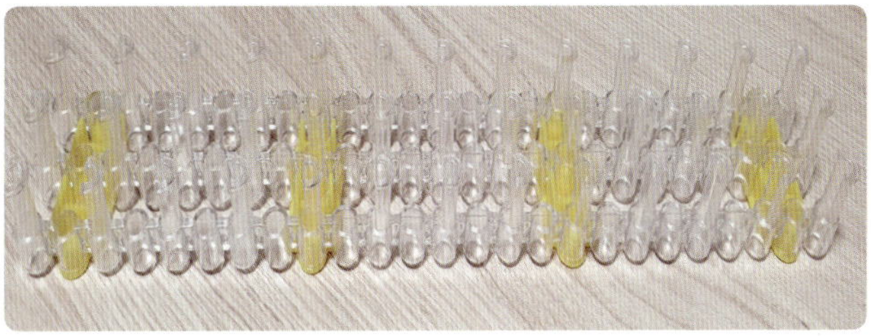

사진과 같이 룸(room) 형태의 틀에 고무줄을 엮어 만드는 손끝놀이를 칭하는 말입니다. 위의 '고무줄 팔찌 만들기'의 기본 형태 외에도 패턴과 순서, 규칙에 따라 다양한 팔찌와 목걸이, 머리띠, 반지 등을 만들 수 있답니다. 인터넷과 스마트폰에 빠져있는 우리 아이들에게 코바늘과 고무줄을 건네 보세요. 형형색색의 예쁜 고무줄을 보고 만지다 보면 창의력이 생기고 한 코, 한 코 이어가다 보면 집중력도 생긴답니다. 직접 만든 팔찌와 목걸이, 머리띠를 몸에 착용하면 매력적인 성취감을 느끼게 할 뿐만 아니라 스트레스로 지쳐있는 아이의 심신도 달래줄 수 있을 거예요.

⑩ 칼로 썰기

대체로 칼은 아이들이 사용하기에 위험한 도구라고 생각합니다. 그러나 어릴 때부터 칼을 안전하게 사용하는 방법을 알려준다면, 아이들도 충분히 칼을 사용할 수 있습니다. 칼 사용에는 주의가 필요하기 때문에 아이들이 한 손으로 재료를 잡고, 한 손으로 칼질을 할 때에는 손의 정교한 움직임과 힘이 필요합니다. 그래서 칼을 사용하는 것도 일상에서 할 수 있는 손끝놀이가 될 수 있지요.

이럴 때 시작해요

- 아이들과 요리활동을 할 때, 간단한 썰기가 필요하다면 아이들용으로 도구를 준비해 볼 수 있다.

이렇게 준비해요

어린이용 칼, 도마, 음식 재료

이렇게 진행해요

① 칼을 손끝으로 조심스럽게 만져보고 주의할 점을 이야기 나눈 후, 칼을 잡는 방법을 알아본다.

② 음식 재료를 도마 위에 올린다.

③ 한 손으로 재료를 잡고, 손끝은 동그랗게 말도록 한다.

④ 나머지 한 손으로는 칼을 잡은 후, 한 손가락으로 칼을 고정한다.

⑤ 칼을 잡은 손을 아래로 내리며 음식 재료를 썬다.

⑥ 처음에는 바나나 등 무른 과일로 썰어보도록 하다가 익숙해지면 점차 단단한 음식 재료도 썰도록 한다.

이렇게 활용해요

- 칼 썰기에 능숙해지면 다양한 요리활동으로 확장해 볼 수 있다.

알아두면 좋을 TIP

칼 썰기 연습하기

성인과 함께 연습하기

아이들이 처음 칼질을 연습할 때에는 부모나 교사가 뒤에서 안아주며, 아이가 칼을 쥐는 방법을 알려주고 칼을 바르게 쥘 수 있도록 도와줍니다. 그리고 아이의 칼을 쥔 손에 성인의 손을 포개어 함께 칼질을 해본다면 칼질을 연습하는 데 도움이 될 것입니다.

흙놀이로 연습하기

칼을 사용하기 전에는 연습을 하는 것이 좋습니다. 아이들과 칼로 요리활동을 하기 전, 흙놀이로 칼을 사용하는 연습을 해볼 수 있습니다. 흙놀이를 하며, 흙을 동그랗게 재료 모양으로 만듭니다. 그리고 찰흙 칼과 같은 도구로 흙을 모양에 맞춰 자르는 연습을 해봅니다. 아이들이 찰흙 칼로 칼을 잡는 방법 등을 충분히 익힌 후 요리활동을 해본다면 아이들이 실제 칼을 사용할 때에도 어느 정도 익숙하게 사용할 수 있을 것입니다.

사례 2 칼질도 척척! 우리가 만들어 더 맛있는 볶음밥

아이들과 함께 하는 요리 시간은 아이들이 음식을 만드는 과정에 직접 참여함으로써 제 손으로 만들어 먹는 것의 의미를 경험할 수 있는 소중한 시간이 됩니다. 어릴 때 손으로 다양한 식재료도 느껴보고 요리도구도 사용해 보는 경험은 매우 소중한 기억으로 남을 것입니다. 아이와 함께 어떤 날은 반죽을 해보고, 어떤 날은 칼로 썰기도 해보세요. 신나게 뛰어놀고 맛있는 음식도 같이 만들어 먹는다면 하루가 금방 지나가겠지요. 다음은 요리에 관심이 많은 8살, 6살 자매의 '칼로 썰기' 도전기입니다.

평소에 엄마표, 아빠표 음식을 즐겨 먹던 두 아이들은 맛있는 음식에 대한 기대감도 있지만 엄마처럼, 아빠처럼 음식을 만들어 보고 싶다는 생각을 종종 가졌어요. 항상 "요리 재밌겠다. 나도 요리하고 싶다."라는 말을 했었거든요. 큰아이는 "난 이제 커서 셰프가 되고 싶어요."라는 이야기를 하며 "엄마, 어떤 음식이 제일 먹고 싶어요? 내가 커서 요리 해줄게요."라는 말도 합니다. 그래서인지 음식을 만들 때면 항상 옆에 붙어서 어떤 재료가 들어가는지 보고, 어떻게 조리를 하는지 보면서 때로는 직접 엄마와 아빠의 보조요리사가 되어 도움을 주기도 한답니다. 작은아이는 요리사까지는 아니지만, "나도 해보고 싶어요. 내가 도와줄게요."라며 옆을 한참 지킵니다.

그런 아이들을 위해 자주 그러지는 못하지만 가끔씩은 요리에 참여할 수 있도록 기회를 주려고 합니다. 물론 혼자 할 때보다 챙겨야 할 것들이 몇 배가 되고 시간도 훨씬 많이 걸리지만 식사시간과 놀이시간을 모두 생각하면 괜찮은 것 같아요. 아이들이 음식을 만드는 엄마의 모습을 보면서 요리에 참여하고 싶은 의사를 밝히기도 하지만, 엄마가 아이들에게 음식 만들기를 제안해 보기도 합니다. 그럴 때면 아이들은 흔쾌히 그 제안을 수락하지요.

하루는 저녁을 앞두고 메뉴 고민을 한 끝에 볶음밥을 만들어 먹어보기로 했어요. 사실 엄마 혼자서 하면 빠르게 해서 먹을 수 있지만 두 아이들의 도움을 받아보기로 했지요. 볶음밥에 무엇을 넣어 먹을지 생각해 보고, 준비를 했어요. 아이들에게 밥과 함께 다양한 채소를 골고루 먹일 수 있는 메뉴로 '볶음밥'만한 게 없는 것 같아요. 밥과 다양한 채소들을 잘게 다져서 불에 휘리릭 볶으면 눈도 즐겁고 맛도 좋은 한 끼 영양식사가 탄생하지요.

아이들과 선택한 볶음밥 재료는 당근과 감자, 양파와 팽이버섯, 계란이었어요. 계란을 제외하고는 기본적인 손질을 한 뒤 제공하자 아이들은 칼을 들고 거침없이 썰기 시작했어요. 진짜 칼을 사용하기에 아이들이 칼질을 하는 동안 눈을 뗄 수 없었지만, 생각보다 아이들은 더욱 조심하고 더욱 집중하고 있었어요. 손끝을 펴지 않고 둥글게 말아 안전하게 칼질할 수 있도록 몇 번씩 알려주었어요. 지켜보는 엄마의 심장은 쫄깃해졌지만, 아이들은 매우 평온하고 즐거워 보였어요. 원하는 재료를 선택하여 칼로 썰다가도 서로의 칼질하는 모습을 흘깃 쳐다보곤 했어요.

처음에 작은아이가 당근을 썰고 접시에 옮겨 담는데 옆에 흘리자 큰아이가 이야기를 합니다. "그렇게 담는 거 아니야. 언니처럼 이렇게 (칼로 재료를) 모아서 접시에 담는 거야."라고 알려주는 것이었어요. 그러자 "알겠어."라며 언니를 따라 썰어놓은 채소를 옮겨 담아봅니다. 그리고는 자기들끼리 속닥거렸어요. "근데 이거 재밌다. 나는 이번에 이거 썰어야지. 잘 썰지?"라며 말이에요.

매운 양파도 자기들이 썰겠다고 하여 써는 방법만 알려주었어요. 잠시 후 아이들의 눈에는 눈물이 그렁그렁, 그런데도 아무렇지 않은 척 눈물을 삼키며(?) 칼질을 하고 있었어요. 양파 만진 손으로 눈을 비빌까 봐 매우니 손으로 눈을 비비면 눈이 아플 것이라고 알려주니 팔로 눈을 비비면서도 끝까지 칼질을 하였어요. 양파의 매운맛을 톡톡히 보고도 계속 양파 썰기에 도전하는 아이들이었어요. 먹을 만큼 다진 채소들을 모아 볶음밥을 만드는 동안 아이들은 남은 채소들을 좀 더 자르겠다며 칼질을 한참 동안 더 했어요. 이걸 썰어서 샐러드를 만들어 먹을 순 없냐는 물음에 샐러드는 다음에 다른 재료를 활용해 보기로 했지요. 그래서 다음에 또 볶아 먹을 양만큼만 칼질을 하여 반찬통에 담아두었어요.

볶음밥이 완성되자 갑자기 배가 고프다면서 사용한 도구들과 그릇들을 서둘러 정리하기 시작했어요. 빠른 정리를 마치고 맛있게 식사를 하였어요. “와, 달콤하다. 뭐가 들어가서 이렇게 달콤하지? 양파는 내가 조금만 썰었는데.”라며 큰아이가 먹으면서 이야기를 했어요. 그러자 작은아이는 “진짜 달콤하네. 우리가 만든 볶음밥 진짜 맛있다. 또 만들어 먹자.”라고 하며 남김없이 다 먹었답니다.

채소의 씹히는 맛도 자신들이 손질한 덕분인지 전혀 이상하지 않고 달콤하게 느껴졌던 것 같아요. 칼질에 대한 자신감과 더불어 요리에 대한 자신감, 그리고 자신들의 손길이 닿은 음식들을 더욱 소중히 대하는 마음까지 가져볼 수 있었던 소중한 시간이었어요.

Chapter

3

종이로 하는 손끝놀이

⑪ 스티커 붙이기

영유아가 좋아하는 놀잇감 중 하나는 스티커입니다. 성인에게 스티커 붙이기는 쉬운 일이지만, 어린 영아에게 스티커 붙이기는 손끝놀이를 할 수 있는 방법이기도 합니다. 스티커 하나를 종이에서 떼어내고, 원하는 곳에 스티커를 다시 붙이는 일은 손끝의 힘을 필요로 합니다. 영아들의 손끝놀이를 위해 스티커 붙이기는 좋은 놀이가 될 수 있습니다. 다양한 모양의 스티커는 시중에도 많이 나와있어 아이들의 흥미와 관심을 유발하며 쉽게 할 수 있는 놀이가 될 것입니다.

이럴 때 시작해요

- 영아들의 손끝놀이를 시작할 때 또는 초기 적응기간에 실내에서 영아들이 할 수 있는 놀이를 찾을 때 해볼 수 있다.

이렇게 준비해요

종이, 다양한 종류의 스티커

이렇게 진행해요

① 단계에 따라 큰 스티커에서 작은 스티커를 아이들에게 제공해 준다.
② 엄지와 검지를 이용해서 스티커를 떼어내고 다른 곳에 스티커를 붙이도록 안내한다.
③ 아이들이 스티커를 붙일 곳을 알려주고 자유롭게 스티커를 붙일 수 있도록 한다.

이렇게 활용해요

- 영아들과 함께 소품을 만들 때, 스티커 붙이기를 활용할 수 있다. 아이들의 생일을 맞이할 때, 왕관을 만들며 모양 종이에 스티커를 붙여 꾸며줄 수 있다. 또 간단하게는 세모 종이에 스티커를 붙여서 가렌더를 만들어서 공간을 꾸며볼 수도 있다.

12 찢고 뭉치기

종이를 찢고 뭉치는 것도 재밌는 손끝놀이가 될 수 있습니다. 신문지와 같이 큰 종이부터 작은 종이까지 찢을 때, 두 손가락으로 종이를 집고 팔을 크게 벌려 찢게 되니 손과 팔의 대근육과 소근육을 모두 활용할 수 있습니다. 찢은 종이를 구겨서 동그랗게 뭉칠 때에도 손의 힘이 작용합니다. 종이를 찢고 뭉쳐서 종이 공놀이도 할 수 있고, 여러 소품도 만들 수 있으니 아이들과 함께 즐겁게 놀아보시기 바랍니다.

이럴 때 시작해요

- 아이들과 실내에서 눈놀이나 공놀이를 하려고 계획할 때 해볼 수 있다.
- 영아의 손끝놀이를 계획할 때 준비할 수 있다.

이렇게 준비해요

신문지

이렇게 진행해요

① 신문지를 충분히 제공해 준 후, 아이들이 자유롭게 신문지를 찢도록 한다.

② 신문지를 공 모양으로 뭉쳐보도록 한다.

이렇게 활용해요

- 아이들과 신문지를 신나게 찢고, 구겨서 동그랗게 만든 뒤 신문지 눈놀이를 하며 놀 수 있다. 또 신문지 공을 크게 만들어 공놀이도 해볼 수 있다.
- 구겨진 신문지를 쿠션 커버에 넣어 쿠션 커버 속으로 만들어 볼 수 있다.

- 신문지 공놀이를 한 후, 구긴 신문지 공은 밀가루 풀에 넣어서 신문지 죽을 만들어 종이 놀잇감을 만들 수 있다. 신문지 죽으로 만들고 싶은 모양을 만든 후, 그늘에 충분히 말린다. 놀잇감 모양이 만들어지면, 그 위에 밀가루 풀을 묻히고 색한지를 입힌다. 그 후 그늘에 말리면 종이소꿉이나 유두구슬 등의 놀잇감을 만들 수 있다.

⑬ 자르고 붙이기

종이를 오리고 붙이는 모든 과정도 손끝놀이가 됩니다. 선을 따라 가위로 오리고, 크기에 맞게 풀칠을 하는 과정에서 손끝의 섬세한 기술이 필요하지요. 종이를 자르고 붙이면서 다양한 종류의 놀잇감이 만들어지니 종이만으로도 수많은 놀이가 펼쳐질 수 있답니다.

이럴 때 시작해요

- 아이들이 놀이할 때 필요한 놀잇감이 없을 때, 종이에 그림을 그리고 오려서 놀잇감을 만들어 놀 수 있다.
- 영아들이 가위질에 관심을 가질 때, 어린이 안전가위부터 내어주어 연습해 보게 할 수 있다.

이렇게 준비해요

다양한 종류의 종이, 가위, 풀, 연필

이렇게 진행해요

① 두꺼운 이면지를 내어주어 가위질을 연습하게 한다.

② 직선을 따라 가위질을 하게 한다.

③ 가위질에 익숙해지면 아이가 종이에 그림을 그리게 한 후, 선을 따라 가위질을 하게 한다.

④ 필요하면 풀칠도 하게 한다. 자른 종이 모양 선을 따라 테두리에 풀칠을 하도록 한다.

이렇게 활용해요

- 종이를 오리고 붙이며 다양한 소품이나 놀잇감을 만들어 보게 할 수 있다. 아이들이 놀이를 하는 동안 필요한 놀잇감을 만들어서 역할극을 할 수 있으며, 종이인형 놀이 등을 해볼 수도 있다. 또 가위질이 익숙해지면 종이 오리기 등을 통해 눈 모양을 만들어서 공간을 꾸며볼 수도 있고, 종이로 직조 짜기를 해서 가방이나 지갑도 만들어 볼 수 있다.

⑭ 지끈으로 만들기

지끈(종이끈)은 친환경적인 재료로 아이들이 다양하게 표현해 볼 수 있는 좋은 재료입니다. 지끈을 가위로 자유롭게 잘라 사용하거나, 손끝으로 꼬인 지끈을 풀어보고 엮어보며 만들거나 꾸며볼 수도 있지요. 버려지는 종이컵을 재활용하여 아이들이 직접 지끈으로 바구니를 만들어 소꿉놀잇감으로 사용할 수도 있습니다.

● 꽃 만들기 ●

이럴 때 시작해요

- 지끈을 처음 내어줄 때 아이들이 지끈의 특성(종이로 만들어진 끈이며 꼬임이 있음)을 자연스럽게 알 수 있도록 지끈 꽃 만들기를 준비한다.

이렇게 준비해요

지끈, 가위

이렇게 진행해요

① 원하는 길이로 자르되, 같은 길이로 지끈 4개를 준비한다. 준비된 지끈은 반으로 접는다.

② 지끈 2개를 그림과 같이 교차시킨다.

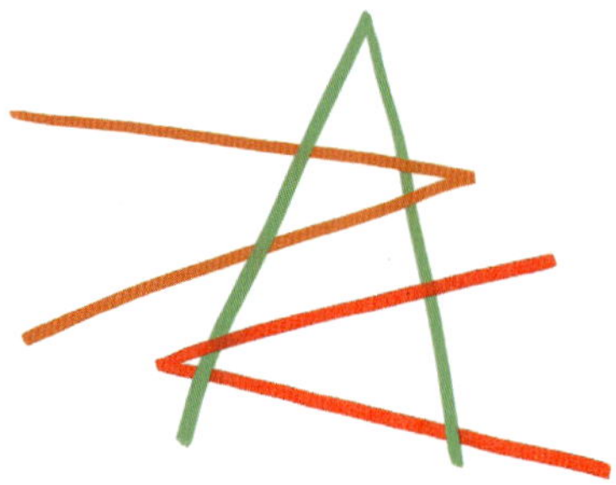

③ 빨간색 지끈을 그림과 같이 교차시킨다.

④ 노란 지끈으로 빨간 지끈을 감싸면서 주황색 지끈 속으로 끼워 넣는다.

⑤ 지끈 4개를 동시에 잡고 단단히 당긴다.

⑥ 지끈의 끝부분을 제외하고 나머지 부분을 반대 방향으로 풀어 펼친다.

⑦ 8개 모두 풀면 지끈 꽃이 완성된다.

바구니 만들기

이럴 때 시작해요

- 아이들이 소꿉놀잇감에 관심을 가지거나 작은 바구니를 필요로 할 때, 지끈 바구니 만들기를 준비한다.
- 한 번 쓰고 버려지는 종이컵을 재활용할 수 있는 방법으로 바구니 만들기를 계획한다.

이렇게 준비해요

지끈 한두 가지 색상, 종이컵 1개, 연필, 가위, 목공용풀

이렇게 진행해요

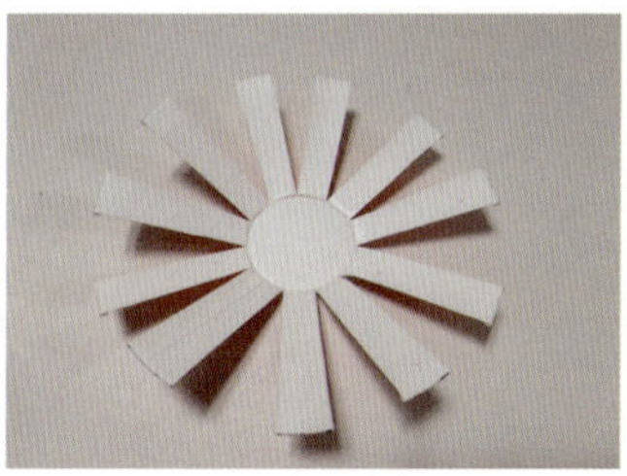

① 종이컵 맨 위 테두리를 일정한 간격으로 배분하여 11개의 점을 표시한다(점이 홀수가 되어야 함). 그리고 나서 11개의 점을 따라서 가위로 자르되, 아래로 향할수록 폭을 좁혀가며 끝까지 자른다.

② 지끈의 끝을 목공용풀로 컵의 안쪽 가장자리 바닥에 붙인다.

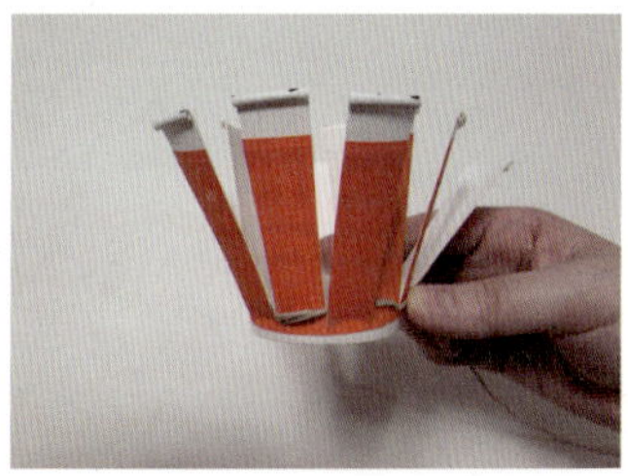

③ 갈라진 종이컵을 45도 각도로 세우고, 붙인 지끈을 안에서 바깥쪽으로 빼내어 첫 번째 자른 면에 두른다. 그 다음에는 두 번째 면의 뒤로 둘러주고 다시 세 번째 면은 앞쪽으로 두른다. 이렇게 반복하여 한 줄을 엮는다.

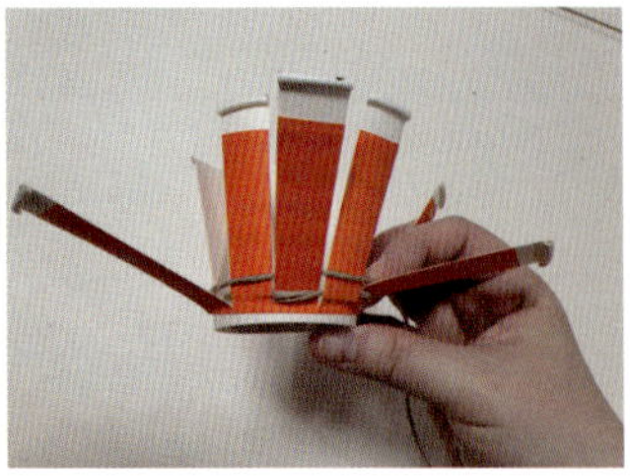

④ 같은 방법으로 하면 두 번째 줄은 사진과 아랫줄과 엇갈려서 지끈이 엮어진다.

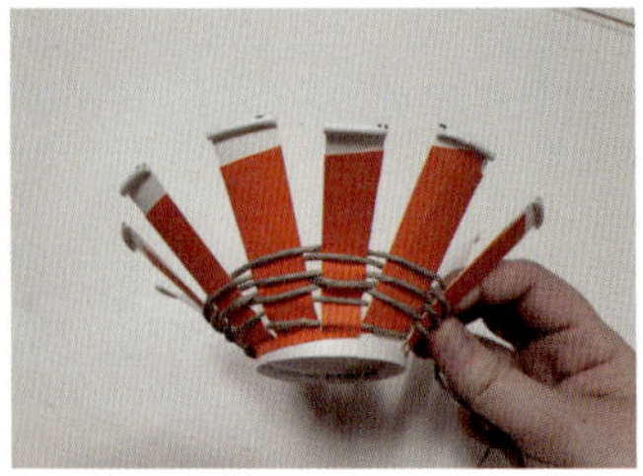

⑤ 계속해서 엮되, 줄 사이의 간격이 잘 맞춰지도록 손으로 지끈을 아래로 밀어 내려주면서 엮는다.

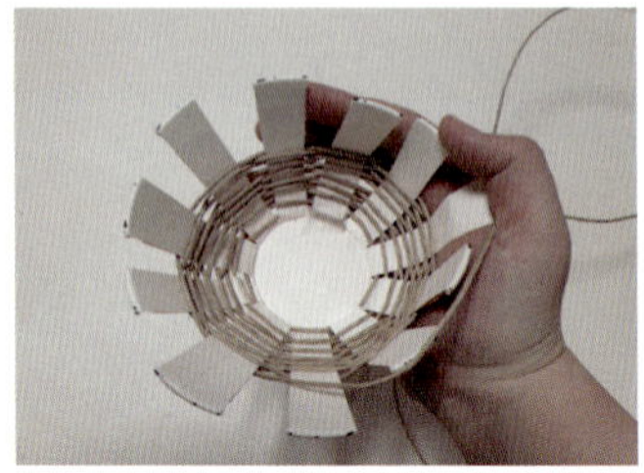

⑥ 6~7회 정도 지끈이 감겨졌을 때 종이컵을 원하는 모양대로 오므리며 엮는다(오므리면 바구니 형태가 되고, 계속 넓게 엮으면 접시모양이 된다).

⑦ 마지막에는 종이컵 끝의 말린 곳을 풀어 지끈의 끝을 집어넣어 안쪽으로 끼워 마무리한다.

부록 2 엄마, 아빠, 선생님을 위한 손끝놀이 ● 지끈 바구니 만들기

아이들의 놀잇감을 담거나 음식을 담는 데 사용하는 바구니. 일상적으로 쉽게 사서 쓰고 버리게 되는 플라스틱 바구니를 사용하는 경우가 많습니다. 만약 선생님 또는 엄마·아빠가 지끈으로 손수 만들어 주는 바구니를 사용한다면 어떨까요? 환경에도 좋고 아이들도 더욱 소중히 사용하지 않을까요? 친환경 지끈을 이용하여 만든 바구니는 가벼우면서 튼튼해서 아이들의 소꿉놀잇감으로 사용할 수 있을 뿐만 아니라, 과일·채소 등 식품류를 담거나 기타 다양한 일상용품으로 활용도가 높답니다.

이렇게 준비해요

지끈, 가위

이렇게 진행해요

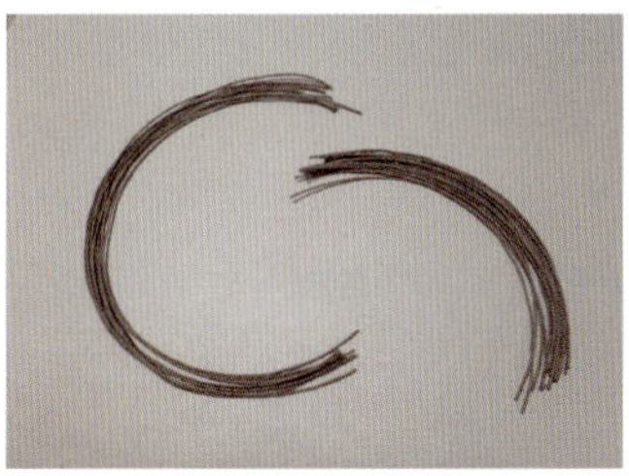

① 50cm 지끈 9개와, 25cm 지끈 18개를 준비한다(엮는 지끈은 따로 준비한다. 대략 12m). 지끈의 끝은 사선으로 잘라주면 나중에 마무리할 때 쉽다.

② 50cm 지끈을 4개와 5개로 나눠서 + 모양으로 교차해 준다. 그리고 긴 지끈(엮는 지끈)으로 한 번은 위로, 한 번은 아래쪽으로 빙글빙글 감아준다.

③ 같은 방법으로 2회 감는다.

④ 50cm 지끈을 2개씩 나눠서 한 번은 아래로, 한 번은 위로 빙글빙글 돌려 감는다. 바닥지름이 약 8cm가 되게 만든다.

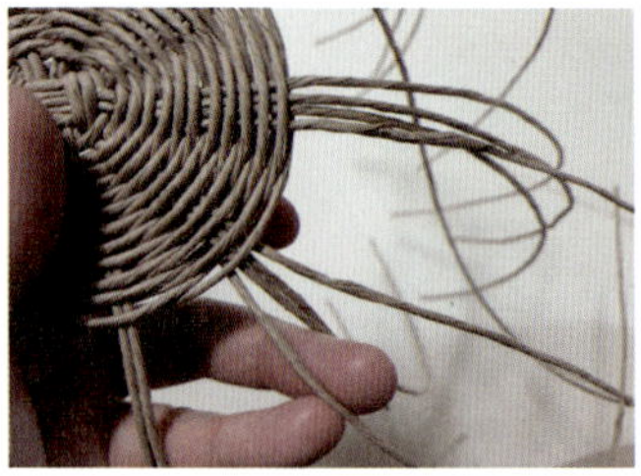

⑤ 밑판이 8cm 정도 되면, 25cm로 잘라놓은 지끈을 50cm로 잘랐던 지끈의 오른쪽과 왼쪽에 하나씩 꽂는다(그림을 보면 오른쪽 위에는 25cm 지끈을 꽂은 모습이고, 왼쪽에 꽂으려고 하는 모습이다).

⑥ 25cm 지끈 하나와 50cm로 잘랐던 지끈 하나를 한 쌍으로 다시 위, 아래 빙글빙글 지끈을 엮는다.

⑦ 밑판이 지름 15cm 정도 되면 지끈을 90도 정도로 꺾어 올린 뒤 계속해서 엮는다.

⑧ 어느 정도 원하는 높이의 바구니가 되면 지끈의 끝을 한줄 건너 다음 기둥줄에 밑으로 끼워 넣어 마무리한다.

15 종이접기

아이들이 일상에서 많이 사용하는 재료 중 하나가 종이입니다. 이면지를 재활용하기도 쉽고, 다양한 질감과 색을 가진 종이로 만들기를 할 수도 있어 아이들의 놀잇감으로 적합하지요. 종이접기는 그중에서도 손끝의 힘이 필요한 과정입니다. 모서리에 맞게 종이를 맞추고 손의 힘을 눌러 종이를 접고, 종이를 펼치기도 하는 전 과정은 손끝의 감각과 힘을 길러줍니다.

이럴 때 시작해요

- 이면지가 많이 남아 활용해야 할 때, 종이접기용으로 제시해 줄 수 있다.
- 언니 오빠의 종이접기 하는 모습을 보고 배워보고 싶어 할 때, 함께 해볼 수 있다.
- 딱지치기를 하고 싶어 할 때, 딱지를 접는 방법을 시작으로 종이접기를 시작해 볼 수 있다.

이렇게 준비해요

종이, 가위, 풀, 종이접기 방법 안내문(책)

이렇게 진행해요

① 다양한 종류의 종이를 제시해 준다.

② 종이 접는 방법을 단계별로 알려준다.

③ 종이접기에 어느 정도 익숙해지면, 종이접기 책을 구비하여 아이들이 자유롭게 종이접기를 할 수 있도록 한다.

이렇게 활용해요

- 종이접기를 하여 고마운 분들에게 선물해 줄 수 있다.
- 필요한 소품을 만들어 공간을 꾸며볼 수 있다.
- 종이접기로 놀잇감을 만들어 놀이에 활용할 수 있다.

알아두면 좋을 TIP

이면지 활용하기

색종이 접기를 하다보면, 색종이가 부족한 경우가 많습니다. 매번 색종이를 사기에도 한계가 있고, 접은 색종이를 펼쳐서 다른 것을 접는 것에도 한계가 있습니다. 접었던 색종이의 경우 다시 펼쳐서 다른 접기를 하면, 접기 모양이 없어야 하는 부분에도 접는 표시가 나서 아이들의 흥미를 떨어트릴 수 있기 때문이지요. 이를 해결할 수 있는 방안 중 하나로 색종이를 만들어 보는 방법이 있습니다. 한지 물들이기 등의 물감놀이를 하고 난 후, 물감놀이를 한 종이를 색종이 크기로 잘라 이면지로 활용할 수 있습니다. 아이들과 물감놀이도 한 후, 아이들이 직접 만든 종이로 만들기가 가능하며, 알록달록한 색상이 섞여 있는 종이가 만들어지니 아이들도 좋아하지요.

사례 3 언니 오빠와 함께 종이접기를 해요

알록달록 종이접기. 아이라면 어느 누구나 좋아하는 손끝놀이입니다. 색종이 한 장이면 무엇이든 만들 수 있지요. 아이들은 스스로 만든 종이접기 장난감으로 놀 때 더욱 기쁘고 신나합니다. 처음에는 접기 어려웠던 것을 여러 번의 연습과 도전 끝에 접기를 완성했을 때 성취감에 젖어 즐거워하는 아이들의 모습을 보면 종이 접는 법을 더 많이 알려주고 싶지만, 막상 교사 한 명이 여러 명의 아이들과 종이접기를 하기란 쉬운 일이 아니지요. 그럴 때는 또래교사를 활용해 보면 어떨까요? 선생님이 알려주는 것보다 종이접기를 잘하는 친구가 알려주는 방법을 아이들은 더 쉽게 익힌답니다. 접는 방법을 알려주는 친구도 가르치는 기쁨에 뿌듯해하지요. 또한 어린 동생들은 언니 오빠와 함께 종이접기를 하면 더욱 즐거워한답니다.

"선생님, 개구리 접기~ 여기가 너무 어려워요." 현우(7)는 오늘도 아침부터 색종이로 개구리를 접기 바쁘다. 접다 보면 점점 색종이가 두꺼워져서 계단 접기 부분이 되면 항상 어려워 교사에게 도움을 요청하는 현우다. 그러자 동현(7)이가 보더니 "야, 이건 이렇게 하면 더 쉽다!" 하고 종이접기 책에 있는 방식과 다르지만 동현이만의 노하우로 접기 방법을 현우에게 알려준다. "우와 진짜네." 현우는 동현이가 알려준 방법대로 접어본 뒤 다시 새 종이를 꺼내 개구리를 처음부터 접어본다. 늘 어려워하던 마지막 부분은 동현이가 알려준 방법대로 접더니 "이제 혼자 할 수 있어요!"라며 스스로 끝까지 다 접고는 뿌듯해한다.

단아(4)와 주연(4)이가 개구리를 접어달라고 교사에게 이야기한다. 교사는 "지금은 여기 친구들과 나비 접고 있는데... 조금만 기다려 줄래?"라고 대답한다. 그러자 단아가 "슬기반 현우(7) 오빠가 개구리 진짜 잘 접는데." 하고 말한다. 그러자 주연이가 "맞아! 나도 어제 봤는데 현우 오빠가 접은 개구리는 진짜 저~멀리까지 갔어!" 하고 말한다. 단아가 잠시 망설이더니 "그럼 선생님~ 현우 오빠한테 접어달라고 하면 안

돼요?" 하고 말한다. 교사는 "그래, 좋은 생각이네. 잠깐만." 하고는 인터폰으로 슬기반으로 전화를 한다. "슬기반 선생님~ 개구리 잘 접는 현우 오빠 좀 사랑반으로 보내주세요." 하고 말한다. 잠시 후, 현우가 색종이를 가득 들고 교실로 들어온다. "우와~ 개구리 접기 선생님 왔다!!" 단아와 주연이가 현우를 반기자 현우는 바로 옆에 앉더니 개구리 접는 방법을 알려준다. 동생들이 잘 못 접는 부분은 자기가 접던 것을 잠시 내려놓고 방법을 알려주며 함께 접는다.

평소보다 일찍 등원한 수현(7)이가 등원하자마자 가방에서 색종이를 꺼낸다. 교사가 "집에서 색종이 가져왔어?" 하고 물으니, "네. 이건 기쁨반 지은(4)이 생일 왕관 만들어 줄 거예요." 하고 말한다. "지은이 생일이야?" 하니, "오늘이에요."라며 바삐 손을 움직인다. 유독 노란색 색종이가 많아, "노란색 색종이가 많네?" 하니, 방긋 웃으며 "지은이가 노란색을 좋아하거든요. 그래서 집에서 노란색 색종이 골라왔어요."라며 다른 색의 색종이와 노란색의 색종이를 번갈아 가며 왕관을 정성스럽게 접어서 만든다.

위의 사례처럼 종이접기는 꼭 교사가 알려줘야만 하는 놀이가 아니랍니다. 또래 친구, 언니 오빠들이 바로 좋은 선생님이지요. 아이들은 나름의 방법으로 친구에게 또는 동생들에게 친절히 가르쳐 줍니다. 자기만의 접기 노하우를 전수해 주기도 하고 뛰어난 실력으로 접은 장난감을 동생에게 선물해 주기도 하지요. 언니 오빠는 동생에게 접는 방법을 알려주며 성취감과 만족감을, 동생들은 언니 오빠에게 배우며 기쁨과 설렘을 느낀답니다. 아이들에겐 누구보다 또래가 가장 좋은 선생님이 될 수 있습니다. 지금 바로 종이접기를 함께 즐겨보는 건 어떨까요?

Chapter

4

천으로 하는 손끝놀이

16 천연염색하기

아이들과 손끝놀이를 하기 위해서는 다양한 색상과 종류의 천이 필요합니다. 그래서 천연염색은 손끝놀이를 하기 전 먼저 이루어져야 하는 활동 중 하나라고 할 수 있습니다. 아이들과 천연염색을 해두면, 염색한 천으로 바느질도 하고 다양한 소품도 만들 수 있기 때문이지요. 더욱이 천연염색을 하는 동안 여러 차례에 걸쳐 천을 빨고, 조물거리고, 비틀어 짜는 과정도 아이들의 손끝 힘을 기르는 손끝놀이가 될 수 있습니다.

이럴 때 시작해요

- 신학기에 계획하여, 유아반의 경우 천연염색한 천으로 추후 다양한 활동을 이어나갈 수 있도록 한다. 영아반의 경우, 아이들이 자유로운 분위기에서 물놀이와 물감놀이를 하며 긴장을 해소할 필요가 있을 때 계획해도 좋다.
- 기관 행사 시, 무대용 의상을 만들거나 일상에서 천이 필요한 경우에 그에 맞는 천연염색을 계획할 수 있다.
- 기관의 간식으로 포도 등이 나와 간식을 먹은 이후에 천연염색이 가능한 재료가 있다면 그 재료들을 모아 천연염색을 해볼 수 있다.

이렇게 준비해요

천, 자연염색재료(소목, 치자, 포도껍질, 비트 등), 물, 냄비, 큰 대야, 매염제(명반, 철 등), 천을 널 수 있는 줄, 돗자리

이렇게 진행해요

① 자연염색재료에 매염제를 소량 넣고 끓인다. 혹은 재료에 따라 자연염색재료를 믹서기로 갈아서 즙을 낸다.

② 염색할 천을 큰 대야에 넣고 물에 담궈서 충분히 적셔질 때까지 조물거린다.

③ 젖은 천을 대야에서 꺼내어 물기가 없어질 때까지 천을 잡고 비틀어 짠다.

④ 염색물을 큰 대야에 넣고 젖은 천을 담근다.

⑤ 천에 골고루 염색물이 들 수 있도록 조물거린다.

⑥ 천에 염색물이 들었으면 천을 꺼내어 천을 잡고 비틀어 짜서 물기를 없앤다.

⑦ 염색한 천을 흐르는 물에 가져가서 한 번 씻는다. 그리고 다시 물기를 짠다.

⑧ ⑤번과 ⑥번을 반복하여 염색이 진하게 들 수 있도록 한다.

⑨ 원하는 만큼의 염색이 되었으면 마지막으로 흐르는 물에 가져가서 천을 씻는다. 그리고 다시 천을 잡고 비틀어서 물기를 짠다.

⑩ 천이 마를 수 있도록 줄에 걸어 말린다.

이렇게 활용해요

- 신학기 준비기간에 아이들과 함께 천연염색을 한 후, 그 천으로 우리 학급의 다양한 교재교구 및 소품들을 함께 만들고 꾸며볼 수 있다.
- 천연염색 시, 천을 빨고 짜는 과정은 교실 청소를 아이들과 다 같이 할 때 개인 걸레를 빨고 짜는 과정과 이어질 수 있다.

알아두면 좋을 TIP

천연염색하기 좋은 매염제

천연염색은 매염을 하는 방법과 매염제에 따라서도 색이 다르게 나올 수 있습니다. 매염제는 염색이 잘 되도록 도와주는 재료입니다. 명반(백반), 철, 잿물, 동 등이 될 수 있습니다. 명반(백반)은 약국에서 쉽게 구입 가능합니다. 매염제에 따라 같은 염료라도 색이 달라질 수 있습니다. 포도로 천연염색을 하더라도 포도껍질을 믹서기에 갈아서 하는 방법과 포도껍질을 물과 함께 끓이는 방법에 따라 염색의 색이 달라지지요. 또 같은 방법으로 염색을 하더라도 매염제를 명반으로 사용할 경우와 철을 사용할 경우의 색이 달라집니다. 양파껍질의 경우 백반으로 염색할 때에는 노란색으로 물들지만, 철로 염색할 경우 초록색이나 갈색이 나오게 됩니다. 아이들과 다양한 매염제로 염색을 해보는 것은 과학적 호기심을 불러일으키기도 합니다.

천연염색하기 좋은 염료

천연염색 시 색이 잘 나오거나, 주변에서 쉽게 구할 수 있는 염료를 소개하면 다음과 같습니다.

- 일상에서 먹은 후의 식재료로 천연염색을 할 수 있는 재료 : 포도껍질, 시금치, 쑥, 양파껍질, 비트, 검정콩, 당근, 커피, 감꼭지, 밤 등
- 천연염색 시 색이 잘 나오는 재료 : 소목, 치자, 오배자, 쪽, 황토, 먹물, 울금 등

알아두면 좋을 TIP

손수건/ 면 티셔츠 모양내어 물들이기

아이들이 각자 집에서 사용하지 않는 흰 면 손수건이나 티셔츠를 가져오도록 합니다. 고무줄로 묶기를 한 후 천연염색을 합니다. 염색한 천을 말린 후 고무줄을 풀어 무늬를 확인합니다. 또 다른 방법으로는 굵고 힘 있는 명주실로 손수건이나 면 티셔츠에 원하는 모양으로 간단하게 바느질을 한 후 염색을 할 수도 있습니다. 염색한 천을 말린 후 실을 빼면 바느질한 모양이 남게 됩니다.

→

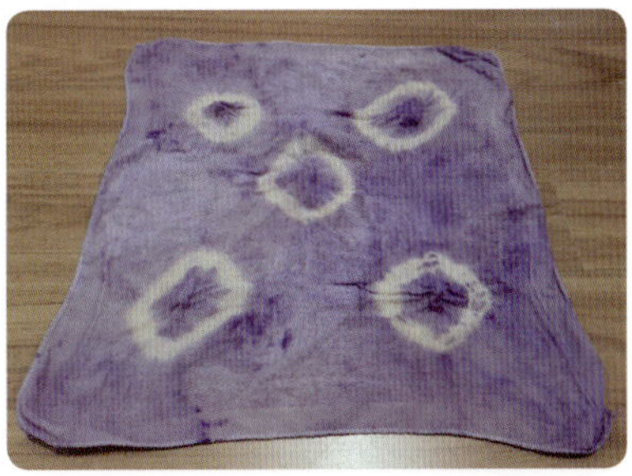

→

⑰ 수틀 수놓기

아이들이 처음 바느질을 시작할 때에는 빳빳한 천에서 바느질을 하는 것이 좋습니다. 수틀은 천을 빳빳하게 고정시켜 주어 아이들이 보다 쉽게 바느질을 할 수 있도록 도와줍니다. 자신이 그린 그림을 알록달록한 실로 수놓으며 아이들은 바느질에 흥미를 가지게 됩니다.

이럴 때 시작해요

- 아이들이 장판 꿰기, 직조 짜기 등을 통해 바느질의 원리를 안 이후에 계획한다.
- 바느질에 관심을 가지게 되었을 때 계획한다.
- 수틀 수놓기에 관심을 가진 아이들부터 가정에서 수틀을 준비해 주도록 안내하거나, 기관에서 수틀을 준비한다.

이렇게 준비해요

천, 수틀, 십자수 실, 바늘, 가위, 연필

이렇게 진행해요

① 수틀을 다 덮고도 사방이 약 5cm 이상 남는 크기의 천을 준비한다.

② 천의 중간에 수틀을 끼운다.

③ 수틀 중간의 천에 연필로 원하는 그림을 그린다.

④ 첫 바느질은 아래에서 위로 가도록 하여 바느질을 시작한다.

⑤ 다음 바느질부터는 바늘을 쥐고 '위로 찌르기', '아래로 빼기' 동작을 반복한다.

⑥ 천을 끼운 수틀 아래에서 바늘을 움직여 보면서 수놓기 감각을 익힌다.

⑦ 아이가 실의 색을 바꾸고 싶어 할 때는 교사가 실의 매듭을 지어주고 실의 색을 바꿔서 바늘에 끼워준다.

⑧ 아이가 원할 때 수틀 수놓기를 마무리한다.

이렇게 활용해요

- 아이들이 수놓은 수틀을 그대로 벽면에 게시하여 환경구성을 할 수 있다.
- 아이들이 수놓은 천을 활용하여, 다음 페이지의 '바느질로 만들기'를 통해 다양한 소품을 만들 수 있다.

알아두면 좋을 TIP

아이들이 수틀을 하기 좋은 십자수 실

다양한 실을 사용할 수 있지만 십자수 실은 색도 다양하고, 다른 실에 비해 굵기도 굵은 편입니다. 십자수 실은 아이들이 수틀에 수를 놓았을 때, 바느질 선이 그대로 드러나며 색감도 예뻐서 아이들이 성취감을 느끼기 좋은 실이라 할 수 있습니다.

18 바느질로 만들기

무엇이든 내가 직접 만들어서 일상생활에서 사용할 수 있다면 아이들은 스스로를 얼마나 뿌듯해할까요. 손끝이 아직 서툰 어린 아이들도 바늘 없이 간단한 바느질 방법으로 멋진 주머니를 만들 수 있답니다. 수틀 수놓기 등을 통해 바느질을 어느 정도 잘할 수 있게 된 아이들은 천과 바느질을 활용하여 다양한 생활용품을 직접 만들어 볼 수 있습니다.

이럴 때 시작해요

- 단옷날(쑥주머니)이나 크리스마스(산타 양말)와 같이 특별한 날이 다가올 때 사전에 필요한 소품을 만들어 볼 수 있다.
- 아이들이 바느질을 통해 인형이나 소품 등을 만들어 보려는 의욕을 보일 때 계획한다.
- 수틀 수놓기를 했던 천을 사용하거나 작아져서 못 입게 된 옷을 재활용할 수 있으며, 직접 염색한 천을 활용하여 만들 수 있다.

• 쑥주머니 만들기 •

이렇게 준비해요

삼베천(바람이 통하는 정도의 짜임이 느슨한 천이면 가능), 마끈, 1공 펀치, 스카치테이프, 말린 쑥

이렇게 진행해요

① 삼베천을 긴 사각형 모양(30×12cm)으로 자른다.

② 긴 쪽을 반으로 접어 접힌 두 장을 함께 잡고 양 끝을 펀치로 구멍을 뚫는다(이때 구멍 간의 간격은 약 1.5~2cm 정도면 된다).

③ 마끈을 적당한 길이(35~40cm)로 2개 자른다. 양쪽 각각 맨 아래의 구멍에 마끈을 묶어 고정시킨다.

④ 마끈의 끝을 스카치테이프로 감아주어(이 부분이 바늘 역할) 위 쪽으로 감침질을 한다.

⑤ 위쪽 구멍으로 말린 쑥을 넣고 두 끈을 마주 묶는다(천에 그림을 그리거나 글루건으로 열매를 붙여 더 꾸며 줄 수 있다).

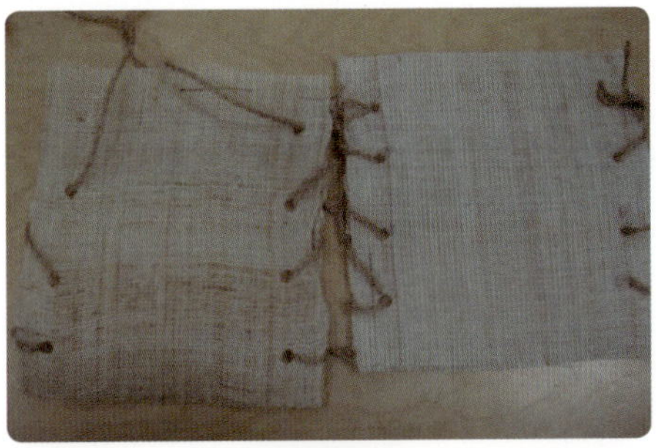

이렇게 활용해요

- 쑥은 항염·항균 작용을 하고 악귀를 물리친다고 합니다. 옛부터 우리 조상들은 쑥주머니를 부적처럼 몸에 지니고 다니며 건강을 지켰으며 집 안 곳곳에 달아 악귀를 물리치고 해충을 막았다고 합니다. 쑥뿐만 아니라 방향제가 될 수 있는 다양한 자연물을 넣어 사용할 수도 있고 차 안이나, 집 안 인테리어 소품으로도 활용할 수 있습니다. 이렇게 바늘 없이도 간단한 바느질로 아이들이 직접 소품을 만들 수 있습니다. 예를 들어, 붉은색 천을 산타 양말 모양으로 잘라 위와 같은 바느질 방법으로 만든다면 손쉽고 간단하게 크리스마스 장식도 만들 수 있답니다.

방석 만들기

이렇게 준비해요

천, 바늘, 실, 가위, 연필, 자, 구름솜

이렇게 진행해요

① 천을 사각 모양으로 반듯하게 접는다.

② 2cm 정도의 시접을 남기고 뚫린 부분을 홈질 또는 박음질을 한다.

③ 모든 면이 막히기 전, 5cm 이상은 구멍이 뚫린 채 남겨두고 실매듭을 짓는다.

④ 바느질이 안 된 구멍 사이로 손을 넣어 천을 뒤집는다.

⑤ 속에 솜을 넣는다. 솜이 골고루 펴지도록 한다.

⑥ 구멍 뚫린 곳을 시침질하여 마무리한다.

필통(다용도 주머니) 만들기

이렇게 준비해요

천, 바늘, 실, 가위, 연필, 자, 운동화 끈 또는 리본 끈 등, 옷핀 또는 클립

이렇게 진행해요

① 만들고자 하는 크기의 주머니(반으로 접을 예정) 천을 직사각형으로 자른다.

② 바깥쪽이 안으로 들어가도록 반으로 접은 뒤(나중에 뒤집을 예정), 양쪽에 1.5cm가량 여분을 두고 홈질할 선을 그린다. 이때 끈을 끼워 넣을 윗부분은 시접을 약 5cm 정도 남긴다.

③ 선을 따라 가지런히 홈질한다. 이때 아이가 어려워하면 시침질을 해주거나 수틀을 끼워주는 등 도움을 줄 수 있다.

④ 양쪽 모두 홈질이 끝나고 나면 주머니 끈이 들어갈 부분에 가위로 자른다.

⑤ 사진과 같이 양쪽 끝을 잘라내면 된다.

⑥ 끈이 들어갈 윗부분의 천을 약 2cm 정도 살짝 접는다.

⑦ 시접의 끝까지 한 번 더 접는다.

⑧ 접힌 천의 끝을 약간 남기고 홈질 또는 박음질을 한다. 이때 아이가 천을 잡는 것을 어려워하면 빨래집게 등으로 천을 잡아준다.

⑨ 뒷면도 ⑥→⑧의 순서로 해준다.

⑩ 주머니를 뒤집는다.

⑪ 끈을 구멍으로 넣는데, 이때 운동화 끈이라면 바로 넣기 쉬우나 리본과 같이 넣기 어려운 끈에는 끝에 옷핀 또는 클립을 달아 밀어 넣으면 쉽게 넣을 수 있다.

⑫ 끈을 당겨 주머니를 완성한다.

이렇게 활용해요

- 다양한 크기로 만들어 필통, 물통 주머니, 수저 주머니 등으로 활용할 수 있다.
- 주머니를 만들기 전에 미리 아이가 천에 수틀 수놓기를 한 후 만들면 더욱 만족도 높은 결과물이 된다.
- 만 5세반의 경우, 초등학교 준비교육으로 만들어 볼 수 있다.
- 작아서 못 입게 된 옷이나 자투리 천을 활용하여 절제절약과 연계된 활동이 가능하다.

헤어밴드 만들기

이렇게 준비해요

시폰 천(부드러운 천), 바늘, 실, 가위, 고무줄, 글루건

이렇게 진행해요

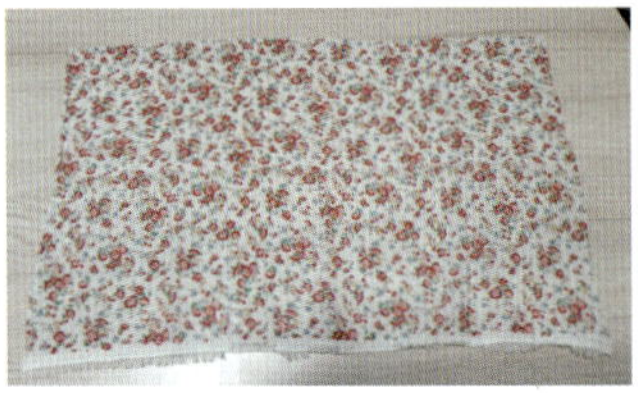

① 천을 폭 12cm, 길이 70cm로 길게 자른다(원하는 크기에 따라 조절 가능).

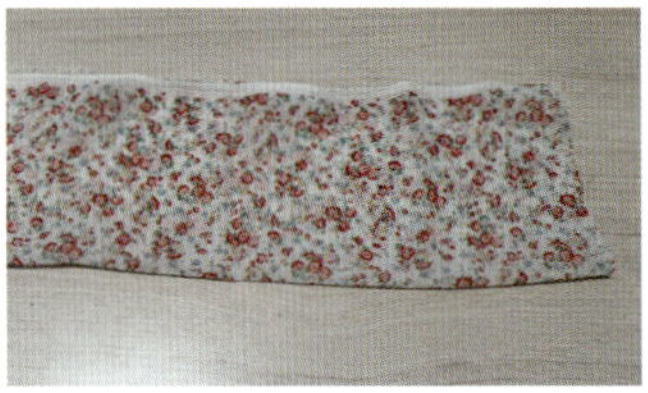

② 천의 안쪽이 바깥으로 나오도록 반을 접는다(마지막에 뒤집을 예정).

③ 맞닿는 쪽의 위쪽만 촘촘히 바느질(홈질)한다.

④ 천이 당겨지지 않도록 조심해서 실매듭을 짓는다.

⑤ 바느질이 안 된 구멍 사이로 전체를 뒤집어 뺀다.

⑥ 고무줄을 넣는다(머리가 묶일 정도의 적당한 길이).

⑦ 고무줄의 끝부분을 마주잡고 매듭을 묶는다. 이때 글루건이나 순간접착제를 매듭에 살짝 발라주면 매듭이 풀리지 않고 단단하다.

⑧ 천의 양 끝은 글루건을 약간만 발라 손으로 매만져서 붙인다(만약 보다 두꺼운 천인 경우는 바느질로 마감한다).

⑨ 완성된 헤어밴드에 구슬을 달아주거나 리본을 만들어 달아줄 수 있다.

사례 4 두 자매의 바느질 이야기

바느질은 기본적인 것만 알면, 뜯어진 옷감을 꿰매거나 단추를 달 수 있고 간단한 소품을 만들어 쓸 수도 있는 등 실생활에 매우 유용한 기술입니다. 여유 시간이 있을 때 실과 바늘, 그리고 천을 준비하고 아이들과 바느질을 시작해 볼 것을 추천합니다. 만약 자투리 천이 없다면 작아져서 입지 못하는 옷이나 양말을 활용하여 바느질을 해볼 수도 있어요. 아이들이 처음에는 어려워할지도 모르지만 점점 자신의 손끝에서 만들어지는 바느질 작품들을 보면서 뿌듯함을 느끼게 될 것입니다.

첫 바느질

갓 8살이 된 언니와 6살이 된 동생은 어른들만 할 수 있을 것 같았던 바느질을 해보겠다는 마음에 무척 설레었어요. 원하는 모양으로 천을 자르고 실과 바늘로 천을 연결한 뒤 그 안에 솜을 원하는 만큼 채워 넣고 마무리를 하니 작고 예쁜 쿠션이 완성되었지요.

가장 쉽게 홈질부터 시작하였어요. '앞에서 뒤로-뒤에서 앞으로'라는 규칙을 되뇌고, 간격이 일정하게 되도록 집중, 또 집중을 하였어요. 사실 이 두 자매는 평소에 몸으로 노는 것을 즐기는 매우 활동적인 아이들이라 과연 진득하게 앉아서 바느질을 할 수 있을까 걱정도 들었어요. 그런데 이게 어찌된 일인가요. 행여나 바늘에 손이 찔릴까 봐, 아니면 실이 잘못 들어갈까 봐 조심스레 한 땀 한 땀 꿰어가고 있었어요. 어렵지만 재미있다는 말과 함께 말이에요.

물론 처음부터 잘 되었던 것은 아니었어요. 들어가는 위치가 안 맞아 실이 자꾸 엉키기도 했고, 그래서 실을 몇 번씩 풀어내느라 시간이 걸렸어요. 또 바늘에 찔리기도 했지요. 바늘이 무서운 아이들이지만 그래도 바느질은 재미있다고 하였어요. 또 바느질할 때만큼은 매우 진지했답니다. 그렇게 아기가 걸음마를 배우듯 바느질도 천천히 해보았어요. 진짜 바늘을 사용한다는 것이 큰 도전이었지만, 바느질을 끝까지 마무리하고 어떤 결과물을 만들어 낸다는 것은 더 큰 도전이었어요.

과연 자신들이 만든 것들로 무엇을 할지 궁금하던 차, 하트 모양 쿠션에 막대를 달아 달라고 하더니 푹신한 '요술봉'을 만들어 만족해하는 아이들이었어요. 반짝거리고 화려한 요술봉은 아니었지만, 한동안 외출할 때 동행하던 놀잇감이었답니다. 또 자신들이 만든 것을 소중한 사람들에게 선물하기도 하면서 바느질의 즐거움을 한껏 느끼는 시간들이었어요.

아이들과 긴 여유가 생겼을 때 바느질만큼 시간이 잘 가는 놀이도 없었던 것 같아요. 실과 바늘, 다양한 조각 천들, 작아져서 못 입는 옷들, 낡은 베개를 뜯어 생긴 솜은 두 자매의 지루한 시간을 달래줄 멋진 놀잇감들이었어요. 처음에는 솜이 없어서 구입에 대한 고민을 했었는데, 낡은 베개를 뜯고 나니 한동안 여유로워졌어요. 그 뒤로 아이들은 솜을 확보하기 위해 집에 있는 베개를 또

뜯으면 된다는 논리를 펼치기도 하여 당황했던 기억도 납니다. 천 역시 못 입는 옷을 찾아내어 모두 자르겠다는 통에 진땀을 빼기도 했지요. 천에 만들 모양의 그림을 그리고 그 안에 또 그림을 그린 뒤 가위로 오려내고, 선을 따라 천천히 바느질을 해보고 뒤집어서 솜을 넣어 꿰매면 하나의 과정이 마무리가 됩니다. 이렇게 마무리가 되기까지 다소 반복적인 작업을 하다 보니 때로는 힘들어하기도 했어요. 그럴 땐 과감히 멈추고 다음에 했어요. 어디까지나 이건 노동이 아니라 놀이였으니까요.

6살 동생은 양말을 꺼내어 아주 호기롭게 바느질을 해보았어요. 양말에 솜을 넣은 뒤 거침없이 바느질을 하길래 "너 바느질할 수 있겠어?"라고 물으니 "네, 당연하죠. 엄마가 가르쳐 줬잖아요."라며 또 다시 하던 바느질을 이어갔어요. "이게 내 실력이에요 실력!"이라며 자신감 있게 이야기를 했어요. 불안했던 엄마의 마음은 괜한 걱정이었던 것 같아요. 하나를 완성하고 나서는 기분 좋은 웃음과 함께 또 다른 양말을 찾아서 만들어 보았답니다.

또 하루는 8살 언니가 갑자기 "엄마, 나 바느질하고 싶어요."라고 이야기를 하길래 이유를 물었더니 동생이 토끼 인형을 갖고 싶어 해서 자기가 만들어 주고 싶다

는 것이었어요. "그런데 천이 있어야 해요. 혹시 못 입는 옷 없어요?"라고 물었고, 창고에 빼놓은 입지 못하는 옷 중에서 마음에 드는 옷을 고르며 "이거면 충분해요."라며 만족했어요. 그때부터 비밀 작업이 시작되었지요.

토끼 인형 모양의 본을 만들고 가위로 얼굴과 몸, 귀 모양대로 입지 못하는 옷을 잘랐어요. 시작점을 잡아주니 한 땀 한 땀 삐뚤하지만 정성스럽게 바느질을 해나갔어요. 동생이 볼까 봐 숨겨두었다가 동생이 없거나 잠든 틈을 타 다시 작업을 했어요. 빨리 만들어 주고 싶다는 마음으로 꾸준히 했던 것 같아요. 혼자 바느질하기 힘든 부분은 엄마가 도와주면서 동생에 대한 온 마음을 담아 만들어 나갔답니다.

귀와 얼굴을 연결해 주고, 얼굴과 몸을 연결하니 조금 우스꽝스러운 모양이지만 세상에서 단 하나뿐인 토끼 인형이 완성되었어요. 언니는 동생의 기뻐할 얼굴을 생각하며 지금도 바느질의 매력에 푹 빠져 있어요. 그리고 친구의 주문(?)도 받아 놓은 상태라 바느질을 계속 이어가게 되었답니다.

19 양말로 만들기

아이들이 일상에서 사용하며 재활용할 수 있는 천의 종류 중 하나로 양말이 있습니다. 짝을 잃어버렸거나 구멍이 난 양말 등은 아이들이 바느질 놀이를 할 수 있는 좋은 놀잇감이지요. 특히 양말은 면으로 되어 부드럽고, 색깔이나 모양도 다양하며, 작은 주머니 모양으로 되어있어 아이들이 손쉽게 만들기를 할 수 있는 재료라고 할 수 있습니다. 재활용 가능한 양말로 인형과 컵받침 등 다양한 만들기를 즐겨 보세요.

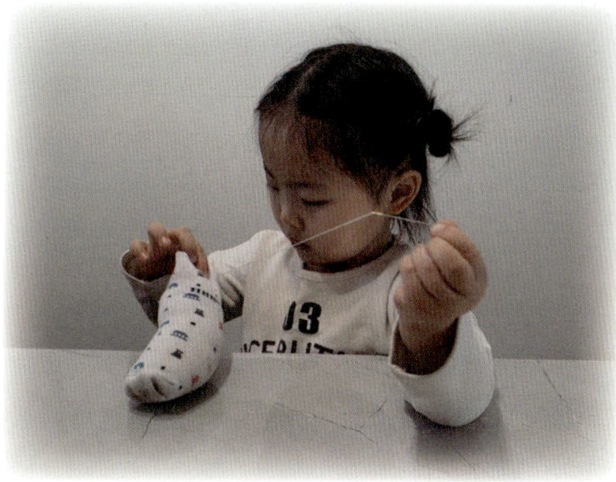

이럴 때 시작해요

- 아이들이 바느질에 관심을 가질 때, 양말 인형 만들기를 준비한다.
- 가정에서 안 쓰는 양말을 받거나, 기관에서 양말 및 그 외 준비물을 구비한다.

양말 인형 만들기

이렇게 준비해요

민무늬 양말 1켤레, 무늬 양말 1켤레, 구름솜, 단추, 볼펜, 실, 가위, 바늘

이렇게 진행해요

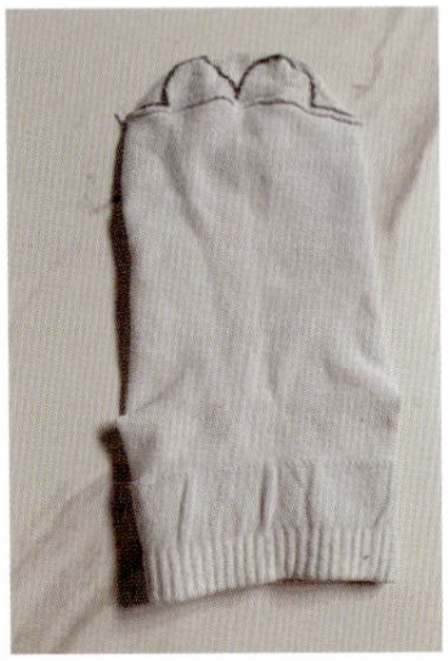

① 민무늬 양말(A)을 뒤집고 그림과 같이 토끼 얼굴 모양을 볼펜으로 그린 후, 촘촘하게 시침질을 한다.

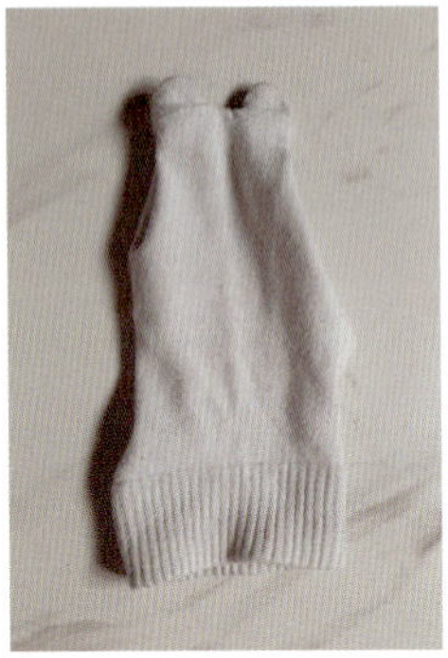

② 바느질 여유를 남기고 모양대로 자른 후, 뒤집어 솜을 빵빵하게 넣는다.

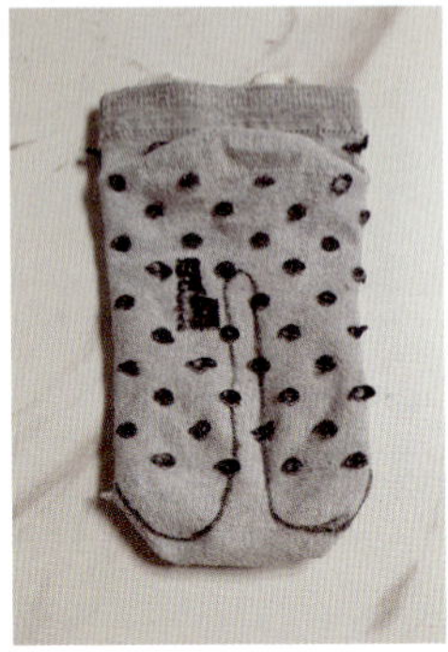

③ 무늬 양말(B)을 뒤집어 그림과 같이 토끼 다리 모양을 볼펜으로 그린 후, 촘촘하게 시침질을 한다.

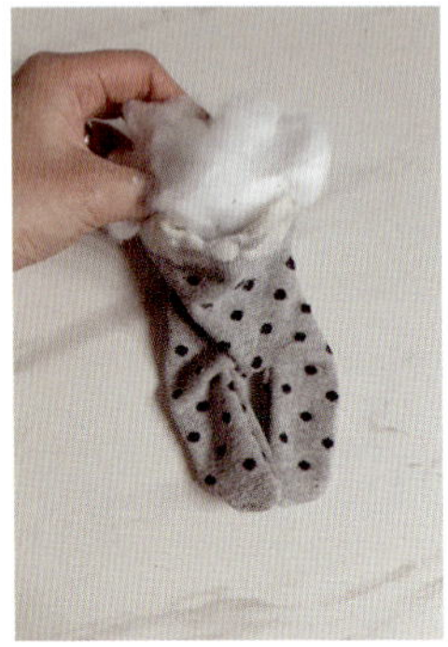

④ ②와 같이 바느질여유를 남기고 모양대로 자른 후, 뒤집어 솜을 빵빵하게 넣는다.

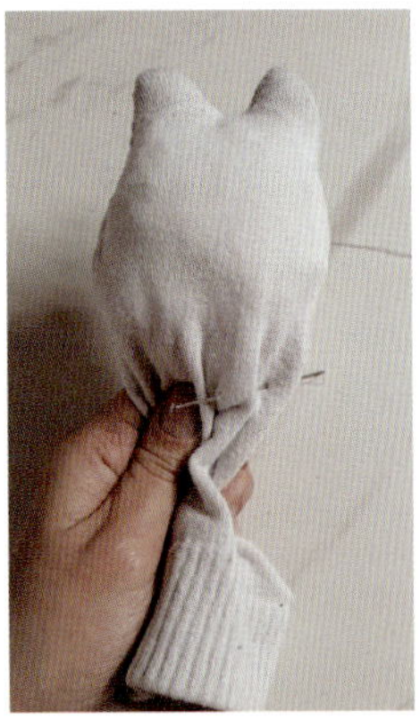

⑤ 솜을 넣은 민무늬양말(A) 아랫부분을 5~6번 시침질을 한 후 마무리를 하여, 양말 입구를 막아준다.

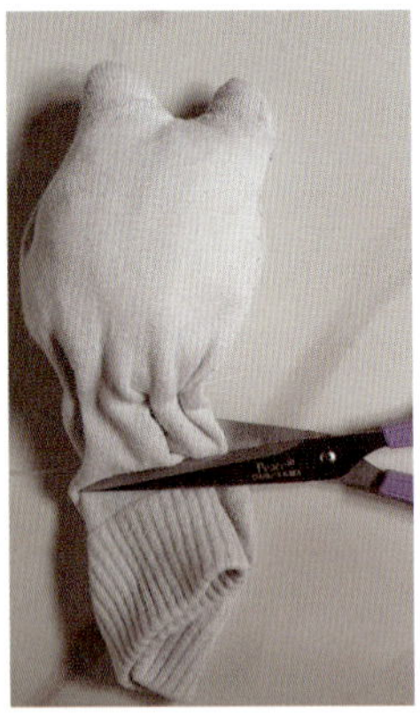

⑥ 완성된 토끼 얼굴 아랫부분을 약간의 여유를 제외하고 잘라준다.

⑦ 솜을 넣은 몸통 부분(B) 안에 완성된 토끼 얼굴(A)의 끝부분을 넣은 뒤, 시침질을 하여 A와 B를 연결시켜 준다.

⑧ 몸통 양쪽에 여유분을 두고 시침질을 하여 토끼 인형의 팔을 만들어 준다.

⑨ 토끼 얼굴에 단추나 천을 달거나 크레파스를 활용하여 눈, 코, 입을 만들어 준다.

⑩ 양말 인형 완성!

이렇게 활용해요

- 아이들이 원하는 모양으로 인형을 만들어서 교실의 놀잇감을 만들 수 있다.
- 부모교육 때 안내하여 가정에서도 인형을 만들어 볼 수 있다.
- 못 쓰는 양말 등의 천을 활용하여 절제절약과 연계된 활동이 가능하다.

알아두면 좋을 TIP

가정과 연계 : 초기적응 인형 만들기

영유아가 처음 유아교육기관에 입학하였을 때, 적응이 필요합니다. 사전 입학 때 신입 학부모들에게 양말 인형 만들기 재료와 만드는 방법을 소개하여 가정에서 자녀의 초기적응 인형을 만들어 볼 수 있도록 안내할 수 있습니다. 가정에서 학부모들은 초기적응 인형을 만드는 동안, 자녀에게 앞으로의 기관 생활을 안내하는 시간을 가질 수도 있습니다. 영유아의 경우 부모가 자신을 위해 인형을 만들어 주는 모습을 곁에서 지켜보고, 이후 부모님이 만들어 주신 인형과 함께 등원을 하면서 좀 더 안정감 있게 적응을 할 수 있게 됩니다.

양말목 컵받침 만들기

이렇게 준비해요

양말목 20개, 직조틀, 가위

이렇게 진행해요

① 먼저 직조틀에 양말목을 그림과 같이 세로 방향으로 한 줄씩 총 10개를 걸어준다.

② 가로 방향 왼쪽 첫 번째 목심에 양말목 1개를 걸고, 세로로 끼운 양말목의 아래-위를 교차하며 엮어서 오른쪽 첫 번째 목심에 건다.

③ 가로 방향 왼쪽 두 번째 목심에 양말목 1개를 걸고, 세로로 끼워둔 양말목의 위-아래를 교차하며 엮어서 오른쪽 두 번째 목심에 걸어준다.

④ 가로 방향 세 번째 목심부터 남은 목심까지 ②와 ③을 번갈아 가며 반복해서 총 10개를 엮는다.

⑤ 그림과 같이 한 면이 완성이 되면, 직조틀의 모서리 중 하나를 선택한다.

⑥ 선택한 모서리에 걸려있는 고리를 뺀 후, 오른쪽 옆에 있는 고리를 처음 선택한 고리 구멍에 넣어 뺀다.

⑦ ⑥과 같이 시계 방향으로 목심에 걸려있는 양말목 고리를 하나씩 빼서 엮어나가며, 매듭을 짓는다.

⑧ 마지막 고리는 처음 시작한 고리 구멍에 넣고, 양말목 주변에 나온 실밥들을 가위로 정리해 마무리한다.

⑨ 양말목 컵받침 완성!

이렇게 활용해요

- 아이들이 직접 만든 컵받침은 놀잇감으로 활용 가능하며, 간식 시간 등 일상생활 속에서 쓰임 있게 사용할 수 있다.
- 칠월 칠석 절기와 연계한 활동으로 직녀가 되어 '직조 짜기'를 해볼 수 있다.
- 양말목 컵받침 만드는 방법 및 재료를 가정과 공유하여 함께 의생활 활동으로 제안할 수 있다.
- 양말목 컵받침 두 개를 서로 포개어 포갠 컵받침의 세 면을 꿰매어 주면 약병주머니 등 다용도 주머니를 만들 수 있다.

알아두면 좋을 TIP

양말목 공예가 무엇인가요?

직조 틀(직조 짜기)을 활용한 공예 중 '양말목 공예'가 있습니다. '양말목'은 양말 몸통과 발쪽 끝부분 천을 이을 때 나오게 되는 자투리 천으로 공장에서는 버려지는 폐기물입니다. 양말목 공예에는 이렇게 버려지던 자투리 천을 뜨개실 삼아 직조 틀에 끼워 짜거나 코바늘로 떠서 만드는 공예랍니다. 폐기물을 공예에 활용하게 된 것이니 지구 환경을 생각하는 새활용(업사이클링) 공예라고 볼 수 있지요. 만들기도 쉽고 간단해요. 아이들과 자연스럽게 환경에 대한 이야기도 나누며 함께 손끝놀이를 즐겨보는 건 어떨까요?

가정에서 양말목과 직조틀을 준비하기 어려울 경우

양말목은 구멍 나서 버릴 양말, 신지 못하는 양말 등을 가위로 링 모양이 나오도록 잘라 대체할 수 있고, 직조틀은 두께가 있는 단단한 원목판에 높이가 있는 압정 또는 못을 일정한 간격으로 안전하게 고정시켜 직접 만들어 대체할 수 있습니다.

실외에서 컵받침 만들기

직조틀은 비교적 크기가 작고 휴대하기가 편하므로, 아이들이 원하는 경우 바깥놀이터 또는 산책 장소에 들고 나가 컵받침 만들기를 할 수 있습니다. 양말목의 여분은 사전에 교사가 준비해서 가져가거나 아이들이 메고 갈 수 있는 주머니를 준비해서 그 속에 담아가면 실외에서도 충분히 즐겨 할 수 있습니다.

양말목 컵받침 선물하기

아이들이 자신의 손으로 직접 만든 양말목 컵받침을 동생반이나 주변 사람들에게 선물을 할 수 있습니다. 주변 사람들과 함께 나누는 경험을 할 수 있고, 스스로 만들어 선물하는 과정 속에서 성취감과 보람을 느낄 수 있습니다.

Chapter

5

실로 하는 손끝놀이

20 실뜨기

전래 아동놀이 중 하나인 실뜨기는 아이들이 실을 손가락에 걸쳐 여러 모양을 만들어 내면서 즐기는 놀이입니다. 어릴 때 실이나 줄을 가지고 놀던 기억을 떠올리며 아이들과 함께 다섯 손가락을 자유자재로 움직이며 실뜨기를 즐겨봅시다.

이럴 때 시작해요

- 활기차게 뛰어놀고 난 뒤 조용한 놀이를 하고 싶을 때 실뜨기 놀이를 계획해 볼 수 있다.
- 실에 관심을 보이거나 바느질 또는 뜨개질을 시작하려고 할 때 실뜨기 놀이를 시작해 볼 수 있다.

이렇게 준비해요

넉넉한 길이의 무명실 또는 털실(1m 정도, 팔을 벌렸을 때 한쪽 끝에서 다른 쪽 손끝까지의 길이 정도)

이렇게 진행해요

혼자 하는 실뜨기 I (화살, 십자가, 별, 에펠탑, 쌍별, 바지, 탱크, 나비, 반지)

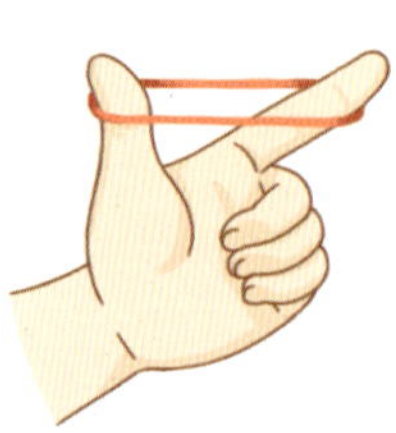

① 왼쪽 엄지손가락과 집게손가락에 손을 벌려 실을 건다.

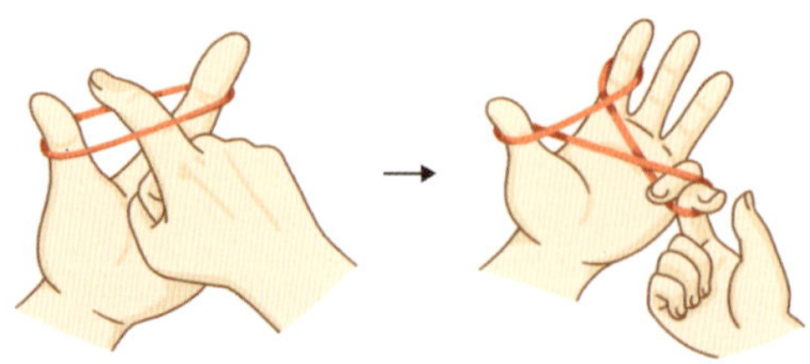

② 오른쪽 집게손가락을 아래에서 위로 넣은 뒤 실을 당겨 돌리고 왼쪽 새끼손가락에 끼운다.

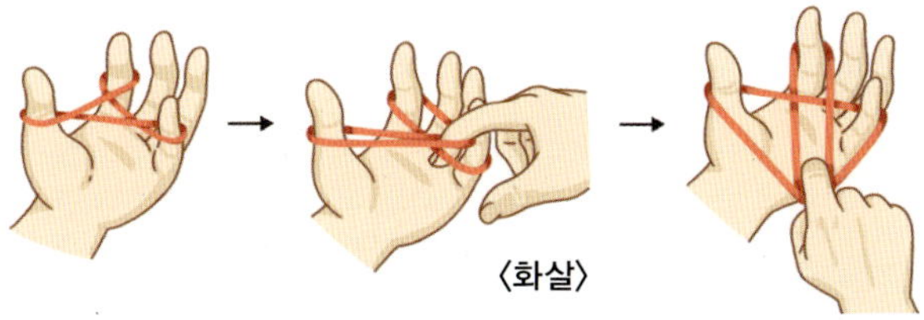

〈화살〉

③ 왼쪽 엄지, 집게손가락 사이의 실을 오른쪽 집게손가락으로 당기고 왼쪽 새끼손가락에 끼워 가슴쪽으로 당긴다.

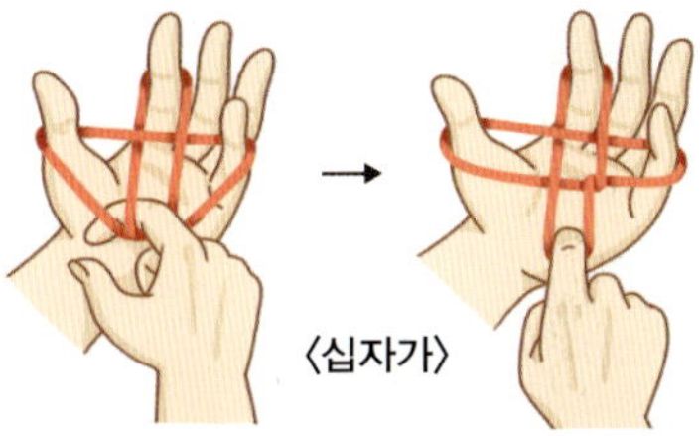

〈십자가〉

④ 오른쪽 집게손가락에 걸린 실을 밖으로 빼내며 아래로 더 당긴다.

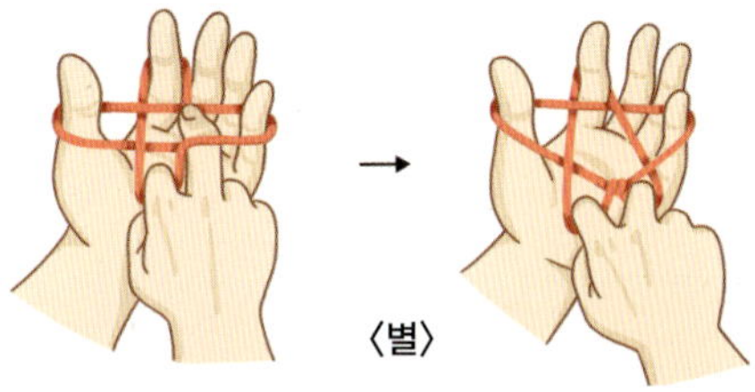

〈별〉

⑤ 오른쪽 가운데손가락을 왼쪽 새끼손가락 구멍으로 아래에서 넣은 뒤 실을 밖으로 빼어낸다.

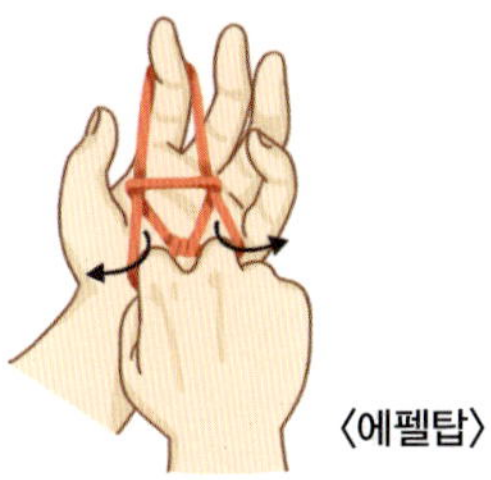

〈에펠탑〉

⑥ 왼쪽 엄지손가락과 새끼손가락을 빼내어 오른쪽 집게손가락과 가운데 손가락이 있는 구멍에 하나씩 넣는다.

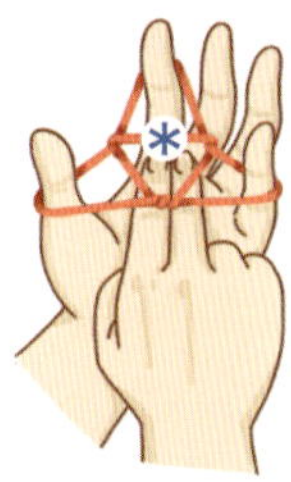

⑦ 오른쪽 검지와 중지로 *표한 부분을 아래로 끄집어 낸다.

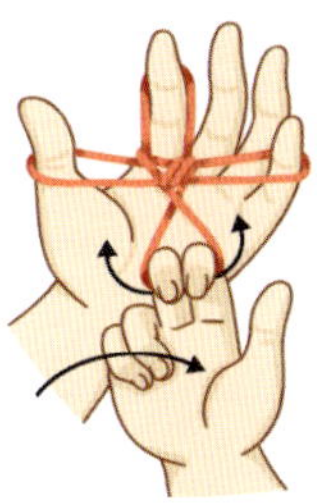

⑧ 오른쪽 검지와 중지로 끄집어 낸 실을 시계방향으로 뒤집는다.

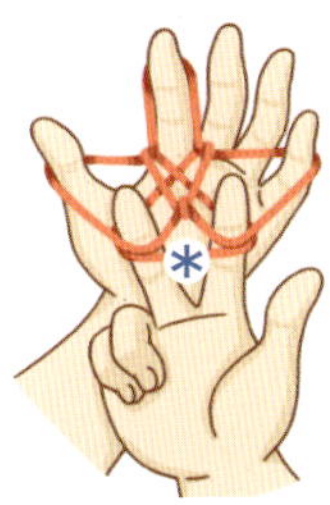

⑨ 오른쪽 두 손가락을 벌려서 왼쪽의 엄지와 새끼손가락 구멍으로 넣는다.

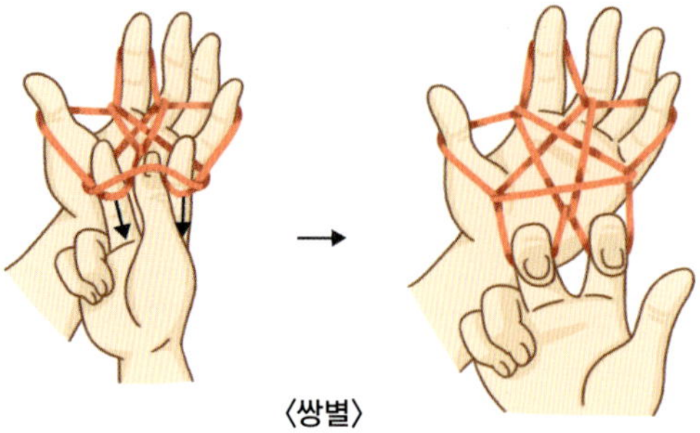

〈쌍별〉

⑩ 오른쪽 엄지손가락을 ⑨번의 *부분에 끼워 넣고 오른쪽의 두 손가락을 당겨 뺀다.

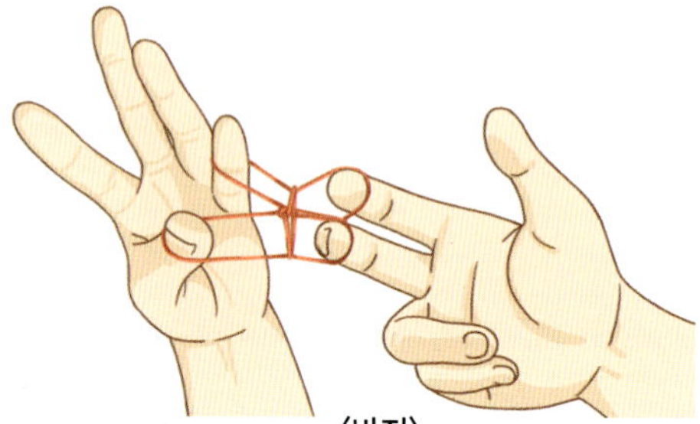

〈바지〉

⑪ 왼쪽 집게손가락을 뺀다.

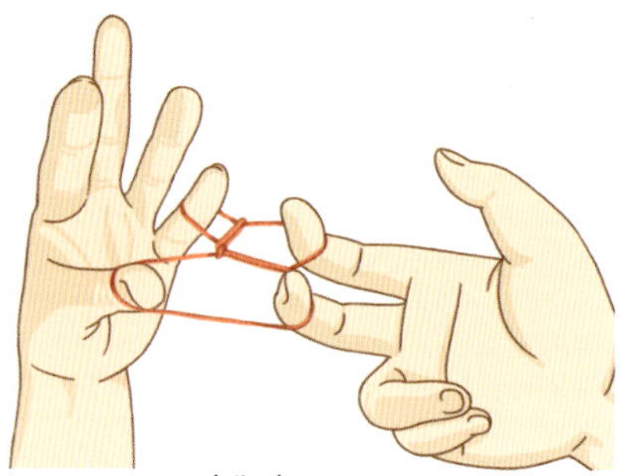

〈탱크〉

⑫ 왼쪽 엄지손가락을 뺀 뒤 오른쪽 가운데손가락이 있는 구멍에 다시 넣어 당긴다.

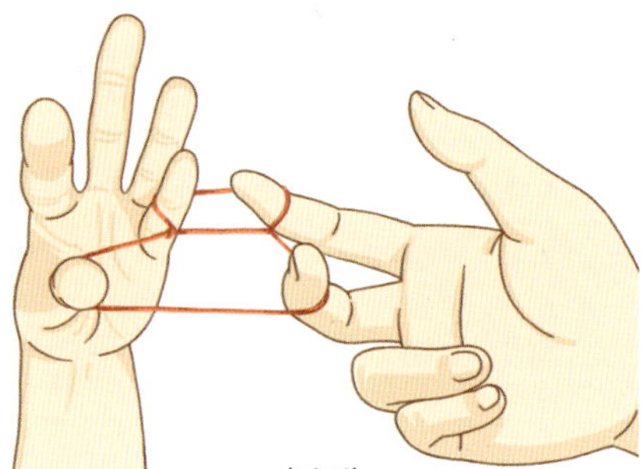

〈나비〉

⑬ 왼쪽 새끼손가락을 빼서 오른쪽 집게손가락이 있는 구멍에 넣은 뒤 당긴다.

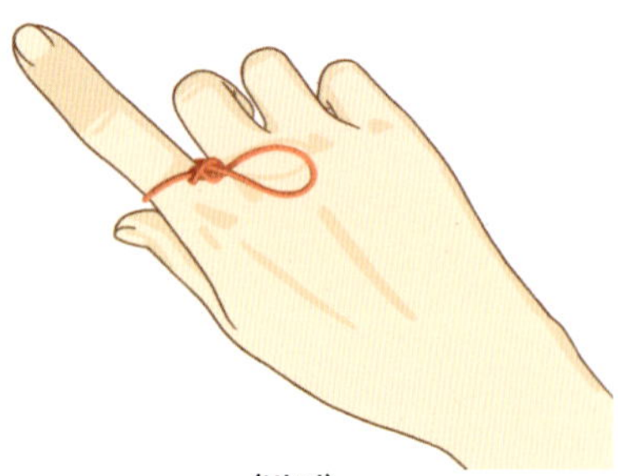

〈반지〉

⑭ 왼쪽 엄지와 새끼손가락, 오른쪽 가운데손가락을 모두 뺀다.

혼자 하는 실뜨기 II(그네)

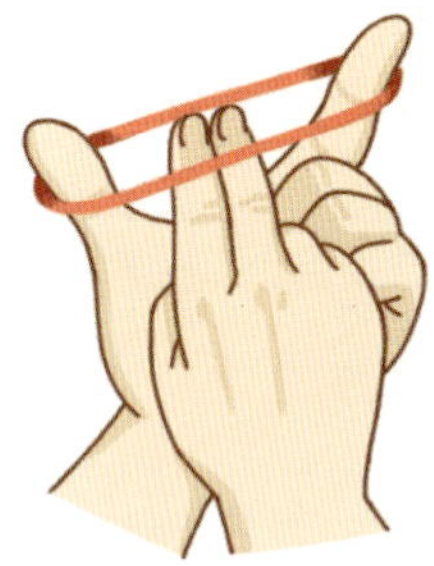

① 왼쪽 엄지손가락과 집게손가락을 벌려 실을 걸고, 오른쪽 집게손가락과 가운데손가락을 사이에 넣는다.

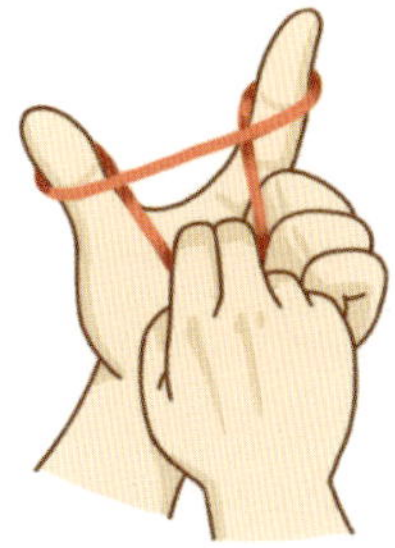

② 오른쪽 두 손가락으로 바깥쪽 실을 아래로 끌어당긴다.

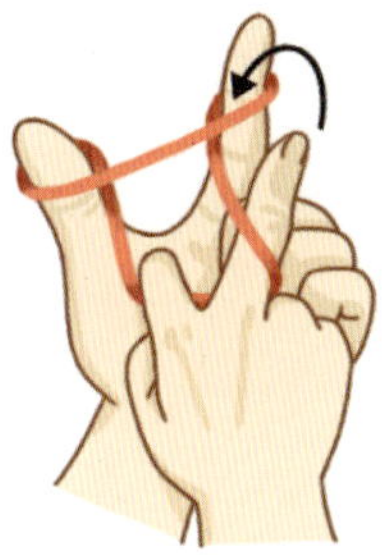

③ 오른쪽 가운데손가락을 바깥으로 돌려 뺀다.

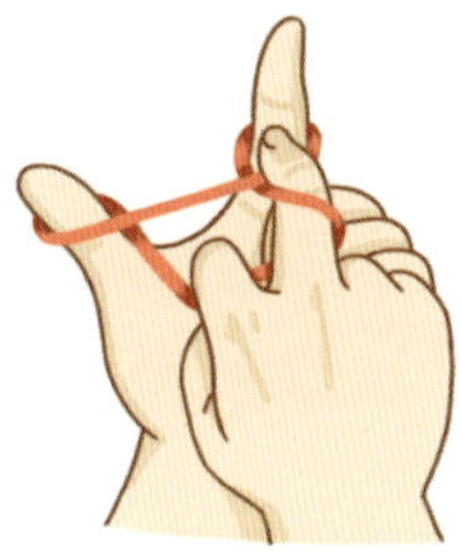

④ 오른쪽 가운데손가락을 왼쪽 집게손가락의 실 사이에 넣는다.

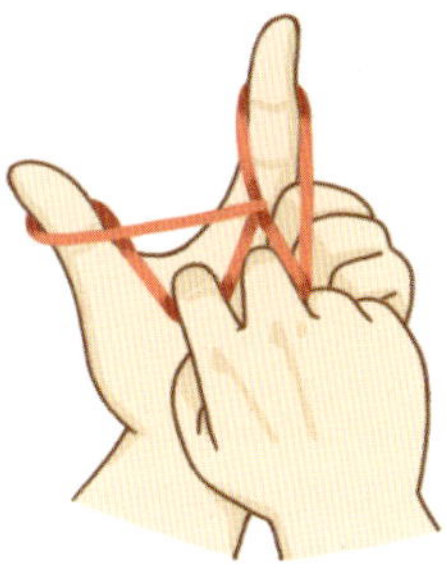

⑤ 오른쪽 가운데손가락을 아래쪽으로 당겨 내려서 그네의 한쪽을 완성한다.

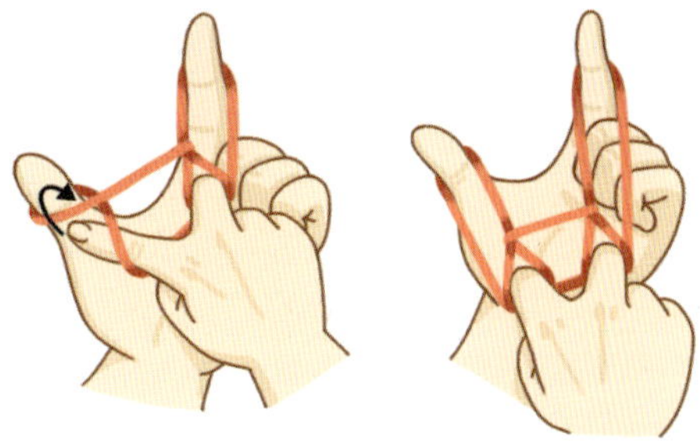

⑥ 오른쪽 집게손가락도 같은 방법으로 왼쪽 엄지손가락 실 사이에 넣고 아래로 당겨 내리면 그네가 완성된다.

혼자 하는 실뜨기 Ⅲ(나비)

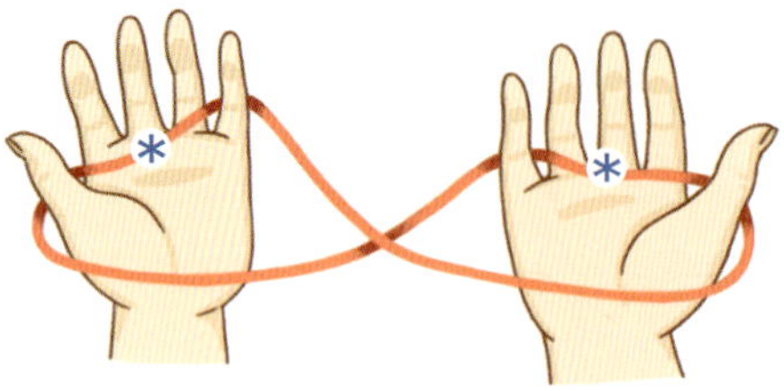

① 실을 8자 모양으로 교차하여 양손의 엄지와 새끼손가락에 끼운다.

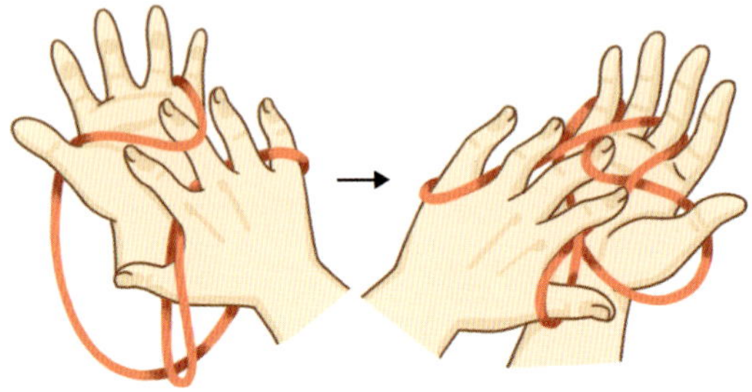

② 양쪽 가운데 손가락으로 각각 반대편 손의 실을 걸어당긴다.

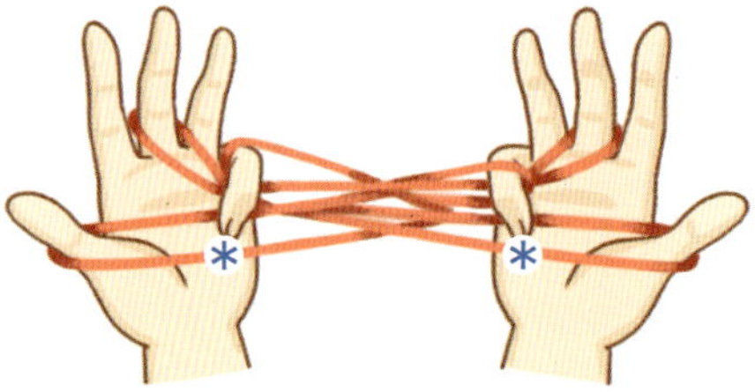

③ 새끼손가락으로 *부분(제일 안쪽)의 실을 걸어 올린다.

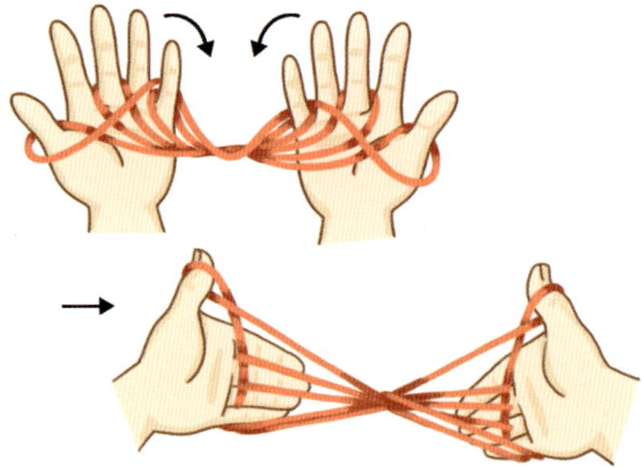

④ 화살표 방향으로 양손을 뒤집으면 나비가 완성된다.

혼자 하는 실뜨기 Ⅳ(빗자루)

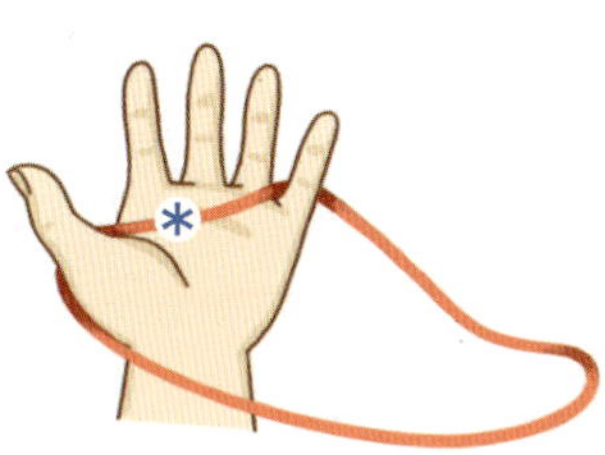

① 왼쪽 엄지손가락과 새끼손가락에 실을 건다.

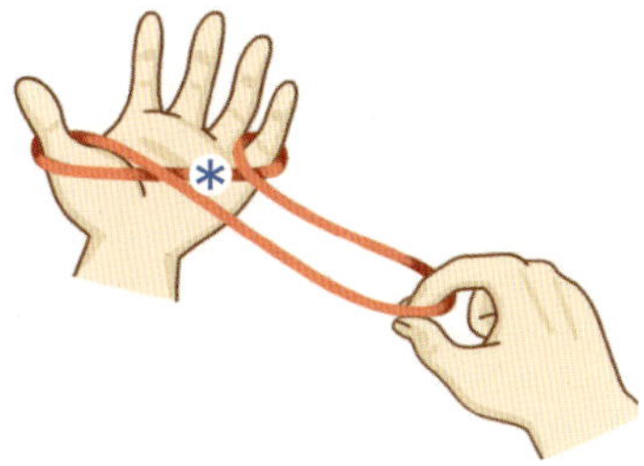

② *부분(엄지와 새끼손가락 사이)의 실을 오른쪽 엄지, 집게손가락으로 잡아당긴다.

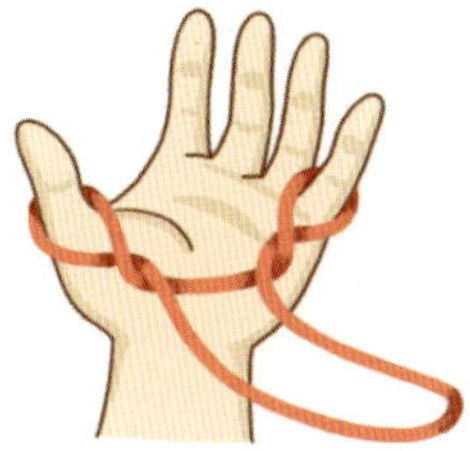

③ *부분(가운데)의 실을 오른쪽 손으로 한 번 더 잡아당긴다.

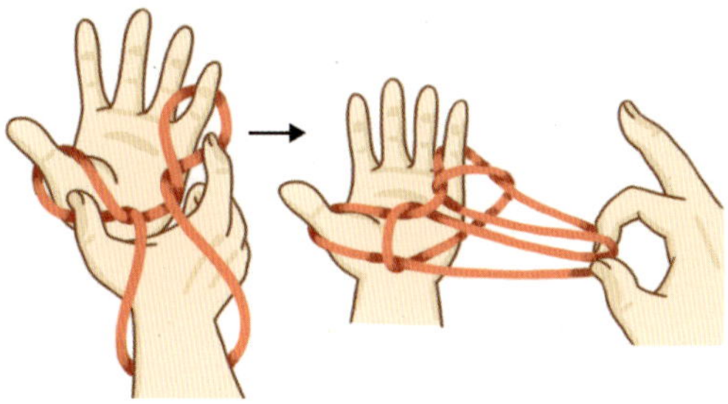

④ 오른쪽 엄지손가락과 집게손가락을 왼쪽의 엄지와 새끼손가락 고리에 끼우면서 실을 앞으로 당긴다.

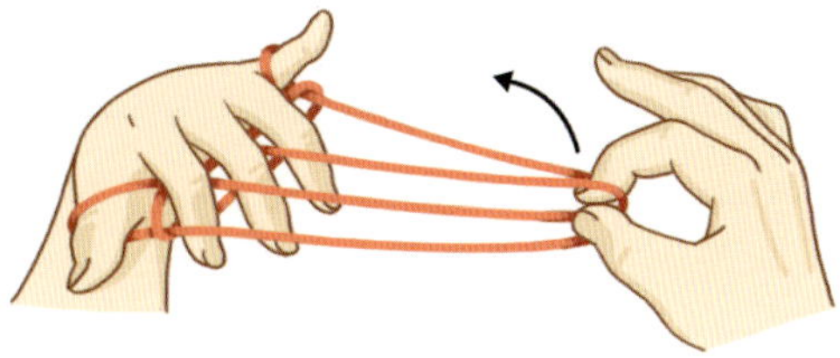

⑤ 집게손가락, 가운데손가락, 약손가락 사이로 실을 끼우면서 오른손으로 잡고 있던 실을 화살표 방향으로 왼쪽 손등 뒤로 넘긴다.

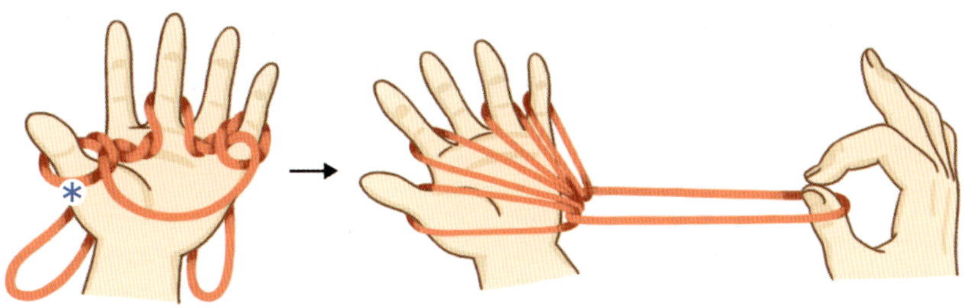

⑥ *부분(가운데)의 실을 오른손으로 당기면 빗자루가 완성된다.

● 둘이서 하는 실뜨기 ●

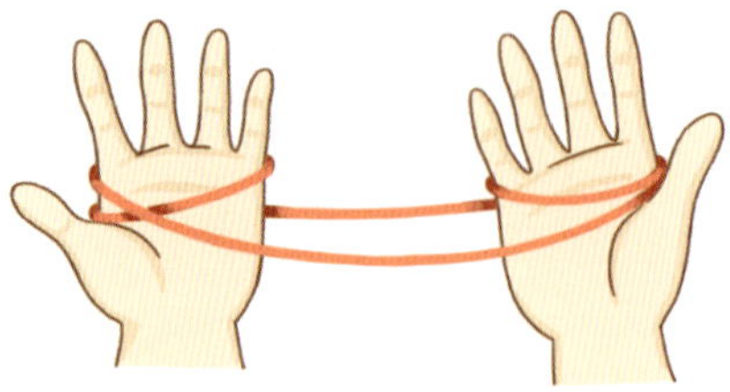

① 실을 엄지손가락을 제외한 나머지 양쪽 손에 한 번씩 감아 건다.

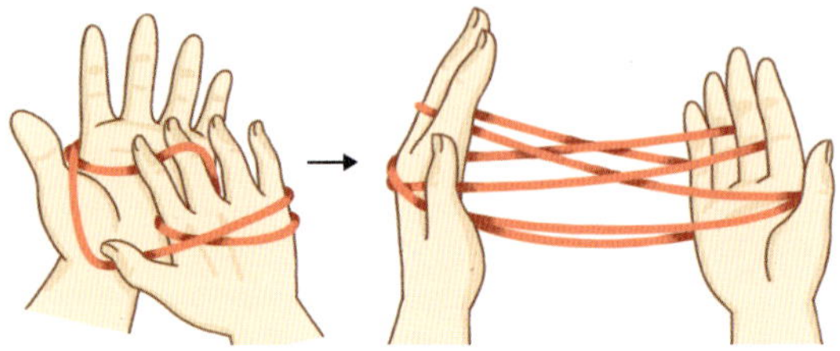

② 양쪽 가운데손가락으로 반대편의 가운데 실을 걸어 당긴다. **〈날틀〉**

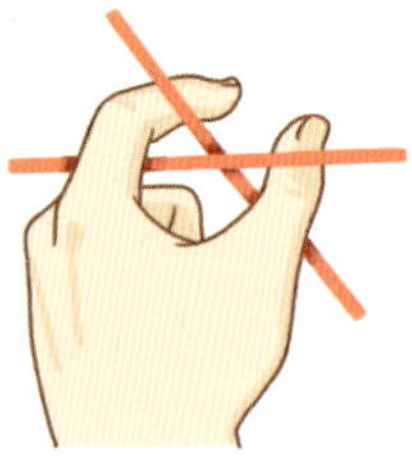

③ 교차되는 부분에 양쪽 엄지손가락과 집게손가락으로 잡아 쥔다.

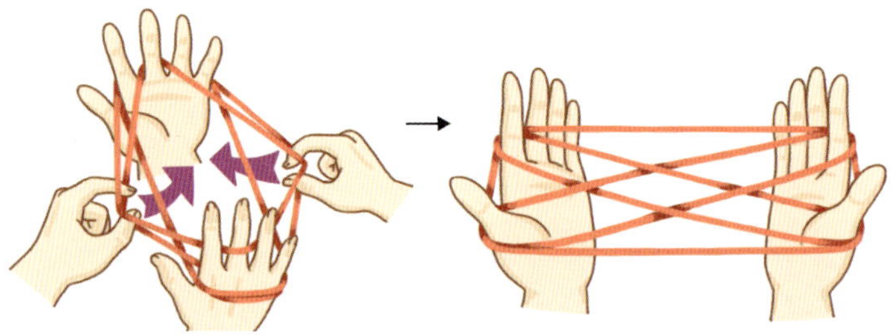

④ 잡아 쥔 실을 밖으로 둘러 화살표 방향처럼 아래에서 위로 올려 감은 뒤 당긴다. **〈쟁반〉**

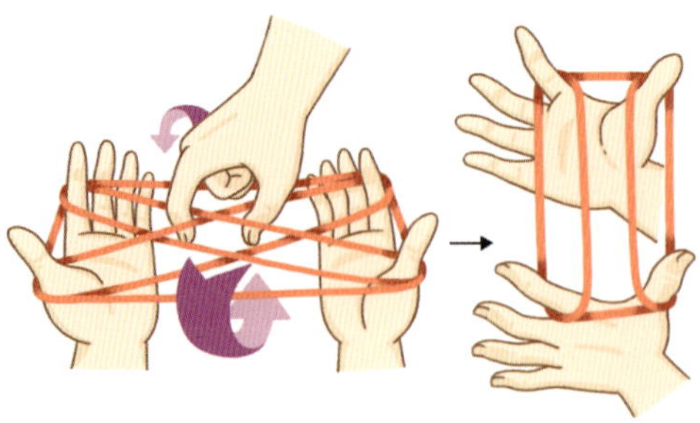

⑤ 교차되는 부분을 양손으로 잡고 실을 밖으로 둘러서 아래에서 위로 당기면서 벌려준다. **〈젓가락〉**

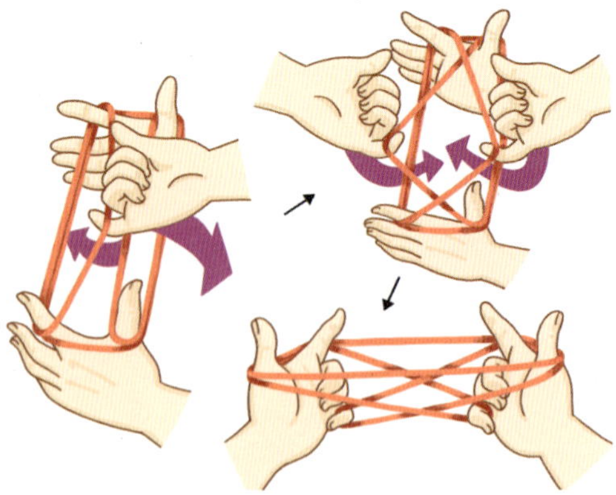

⑥ 가운데 두 줄을 양쪽 새끼손가락으로 서로 엇갈리게 걸어 당긴 다음 양쪽 엄지손가락과 집게손가락으로 바깥쪽-아래-가운데 순서로 올려 벌린다. **〈베틀〉**

● 실뜨기 모양에도 이름이 있어요.

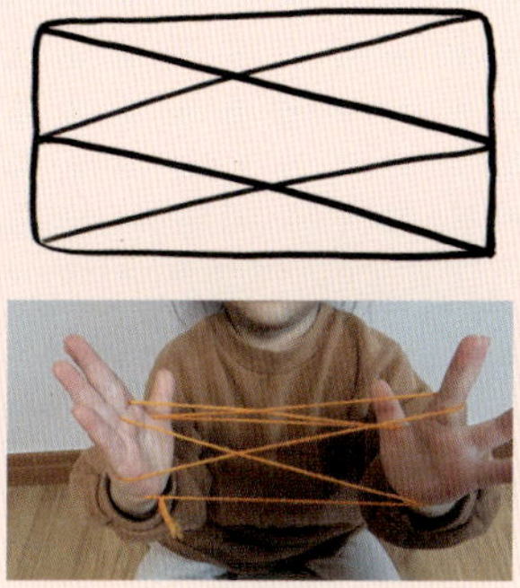

날틀

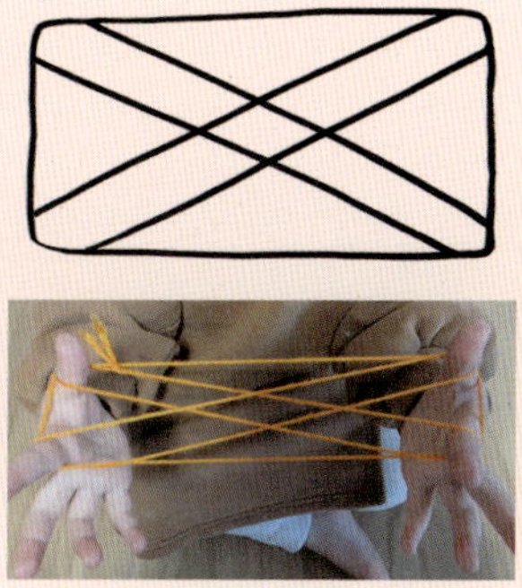

쟁반

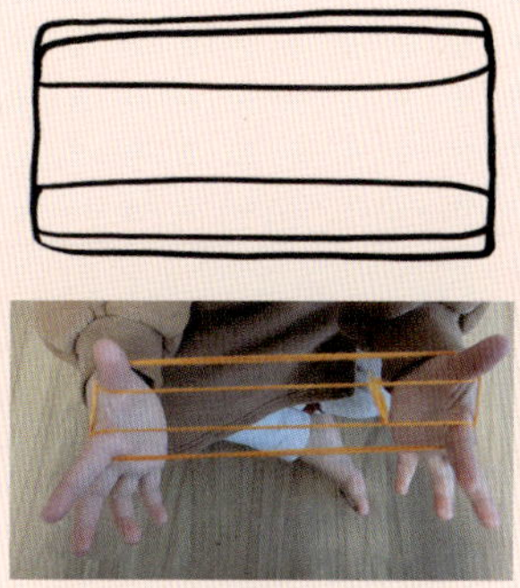

젓가락

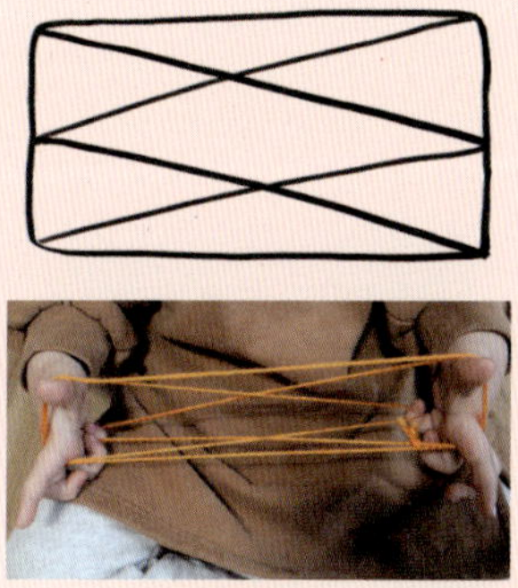

베틀

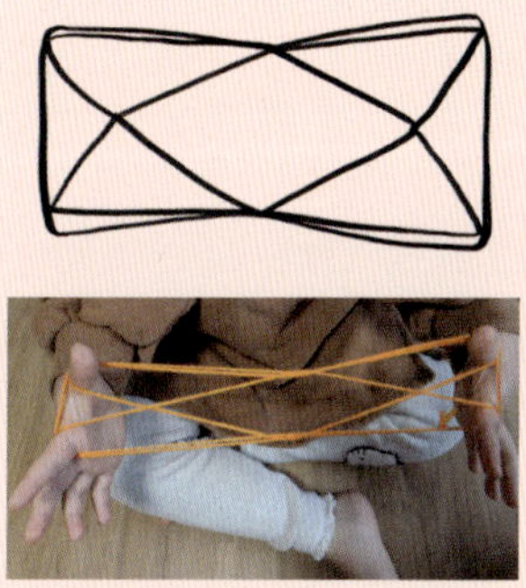

소눈

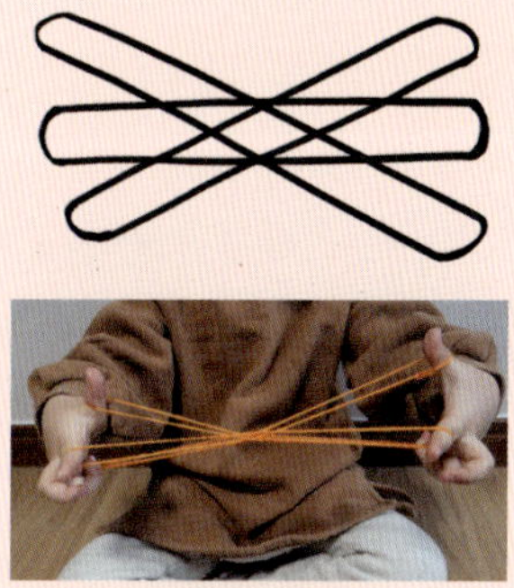

가위줄(거미줄)

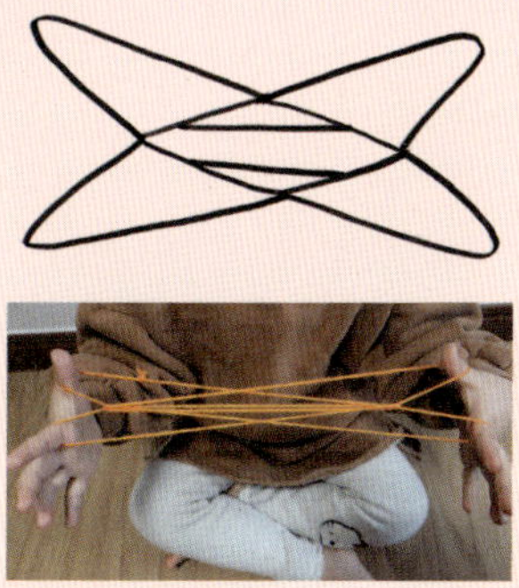

물고기

이렇게 활용해요

- 실뜨기는 특별히 시간과 공간을 따로 만들어 하지 않아도 되는 아주 손쉬운 놀이법이기 때문에, 일과 중 자투리 시간과 공간을 활용하여 언제든지 즐겨본다.
- 산책이나 바깥놀이를 준비하는 동안 친구들을 기다리면서 막간을 이용한 실뜨기를 해볼 수 있고, 점심 전후 또는 낮잠 전후 시간을 활용할 수 있다.
- 실뜨기가 처음인 아이들은 시간을 두고 차근차근 배울 수 있도록 해야 하며, 실뜨기의 과정을 단계적으로 익혀나갈 수 있도록 교사의 배려가 필요하다.
- 두세 명이 번갈아 가면서 실뜨기를 해본다.
- 두 명이 할 수 없는 경우, 혼자 할 수 있는 실뜨기 방법도 있기 때문에 상황에 따라 실뜨기를 즐겨본다.
- 실뜨기 게임(실이 엉키거나 풀리지 않고 오래 이어가기) 또는 대회(한마당)를 열어 많은 아이들이 실뜨기를 해볼 수 있도록 한다.
- 원 또는 가정에서 엄마, 아빠, 언니 오빠 또는 동생과도 함께 실뜨기를 할 수 있다.

알아두면 좋을 TIP

아이들과 언제부터 실뜨기를 시작해 보면 좋을까요?

만 3세 이상의 유아부터 차근차근 연습을 해나가면 좋을 것 같아요. 아이들은 실로 다양한 모양을 만들어 내는 것에 흥미를 보이지만 막상 하려고 하면 작은 손가락을 요리조리 움직이는 것이 어렵다고 느낄 수도 있어요. 이때에는 차근차근 모양을 만들어 가는 기술을 배워 나가는 것이 필요해요. 처음에는 어렵지만 금세 모양 만들기에 익숙해지고, 새로운 모양 만들기를 시도해 보기도 한답니다. 모양에 따라 이름이 있지만, 이름을 외우는 것은 중요하지 않아요. 아이들의 눈에 익고 부르기 쉬운 이름을 사용하는 것도 괜찮지 않을까요? 또 새로운 모양 만들기를 시도하는 과정을 존중하고 지지해 주는 것도 아이들이 실뜨기를 오랫동안 즐길 수 있도록 하는 하나의 방법이 될 수 있어요. 혼자 하는 실뜨기와 함께 하는 실뜨기 모두 아이들의 손을 자극하여 집중력과 생각을 키우는 손끝놀이로 손색이 없으니 지금이라도 한번 시작해 보세요.

어떤 실을 사면 좋을까요?

아이들과 실뜨기와 같은 실 놀이를 하거나 뜨개질로 팔찌나 목걸이 등을 만들려면 적당한 실이 필요하지요. 그런데 막상 손끝놀이를 위해 실을 고르려고 하니 너무나도 종류가 많아 선택하는 데 어려움을 겪기도 합니다. 비슷해 보이는 실들도 많이 있고 어떤 재질과 굵기, 색깔의 실을 골라야 할지 선택의 폭이 너무 넓지요. 따라서 내가 원하는 실을 찾기 위해 고려해야 할 점, 그리고 여러 종류의 실들 중에서도 아이들과 손끝놀이를 할 때 활용하기에 좋은 몇 가지 종류의 실을 소개하고자 합니다.

1. 우선, 실을 고를 때 이런 점들을 생각해 보세요.

① 어떤 용도로 실을 사용할 것인가?

- 실뜨기나 단순한 실 놀이용일 때는 저렴하고 다양한 색감의 실을 사용할 수 있어요.
- 뜨개질용일 때는 목도리나 팔찌, 수세미, 가방 등 만들 종목에 따라 실의 종류와 모양, 두께, 색깔 등이 달라져요.
- 사용 대상과 결과물(예를 들어, 어린이 목도리)에 따라 재질을 달리할 수 있어요. (어린이에게는 까슬거리거나 털이 많이 날리는 재질보다는 부드러운 소재인 면사나 극세사 실을 선택하면 좋아요)

② 실 재질과 양은 어떤지?

- 면, 아크릴, 폴리에스테르, 나일론과 이들을 합성한 재질의 실, 종이실, 울 또는 울 혼방 실 등이 있어요.
- 함유량에 따라 실의 재질이 다르니 용도에 맞춰 선택하세요.
- 직물을 만들기 위해서는 넉넉한 양을 갖고 있는 것이 좋겠지요.

③ 실의 모양, 두께, 색깔은?

- 일반적인 실 모양도 있지만 날개가 달려 있는 실(수세미 뜰 때 사용하는 실)도 있고 고리가 달려 있는 실도 있어요.
- 두께와 색깔은 실 종류에 따라 천차만별이므로, 용도에 따라 달리 선택하세요.

④ 구입방법은?

- 인터넷 사이트(실을 판매하는 사이트, 다양한 온라인 마켓)를 이용하여 원하는 종류의 실을 검색해요.
- 오프라인 매장(생활용품이 다 있는 종합쇼핑몰)에 가면 다양한 실을 구입할 수 있어요.

2. 다음으로 아이들과 사용하기 좋은 몇 가지 실을 소개합니다.

일반 털실(아크릴 털실)	면 재질의 실	울 재질의 실

- 아이들이 가장 무난하게 사용할 수 있는 실로, 가격이 저렴하고 색깔도 다양하다. - 실뜨기, 실 땋기, 뜨개질 등 다양한 손끝놀이를 할 수 있다. - #털실 #아크릴털실	- 면은 피부에 닿는 촉감도 부드럽고 흡수력과 통기성이 좋다. - 부드러워서 아이들의 피부에 닿는 용품을 만드는 데 좋다. - 실이 가늘어, 굵은 실을 필요로 할 때는 다른 종류를 선택하면 좋다. - #면사 #코튼면사 #면혼방사	- 약간 까슬하지만 보온성이 뛰어나 뜨개질용으로 많이 사용하며, 대부분의 털실이 울과 합성하여 만들어진다. - 굵은 울혼방 뜨개실은 짧은 시간 내에 결과물을 만들기 수월하다. - #메리노울 뜨개실 #램스울 뜨개실 #울 뜨개실 #울혼방실 #네츄럴울

패브릭실	극세사 털실	우동사 털실

- 부드럽고 탄탄하면서 쫀득한 느낌이 나는 실로 탄성이 있어 여러 뜨개질에 활용할 수 있다. - 굵기를 선택하여 사용이 가능하다. - #패브릭얀실 #모찌실	- 고리(코)가 만들어져 있는 실로 촉감이 매우 부드러워 핑거니팅으로 목도리를 만들면 좋다. - #극세사 털실 #퍼피파인	- 극세사 털실의 종류로 촉감이 부드러워 실 놀이나 뜨개질 등 다양한 손끝놀이에 활용할 수 있다. - #우동사 털실 #우동실 #굵은 털실

21 실 땋기

실 꼬기와 땋기, 묶기와 풀기는 실생활에서 유용하게 활용될 수 있는 기술 중 하나입니다. 꼬기와 땋기, 묶기와 풀기라는 기술을 통해 밋밋했던 한 가닥의 실에 다양한 색감이 살아나기도 하고, 세련된 모양을 가지기도 하며 쓰임에 따라 굵기도 다양하게 가질 수 있습니다. 특히 여자아이들의 경우 긴 머리카락을 땋은 모습을 보거나 인형놀이를 하면서 이러한 기술들에 자연스럽게 관심을 가지게 됩니다. 실 꼬기와 땋기, 묶기와 풀기는 실뜨기와 같은 유희성 놀이는 아니지만 간단한 생활용품을 만드는 데 필요하며, 아이들의 손끝을 단련시키고 정교하게 만들어 주는 데 도움이 됩니다.

이럴 때 시작해요

- 연령이 어린 아이들에게 보다 정교한 손끝놀이 경험을 주고 싶을 때 시작해 볼 수 있다.
- 연령이 높은 아이들과 다양한 줄 만들기를 해보고 싶을 때 계획해 볼 수 있다.
- 실을 이용한 놀이를 즐기는 아이들을 위해 쉬운 방법부터 제안해 볼 수 있다.
- 머리카락 땋는 모습에 관심을 보이는 아이들을 위해 시도해 볼 수 있다.
- 실을 이용하여 일상에 필요한 물건을 만들어 보고 싶을 때 다양한 기법들을 복합적으로 시도해 볼 수 있다.

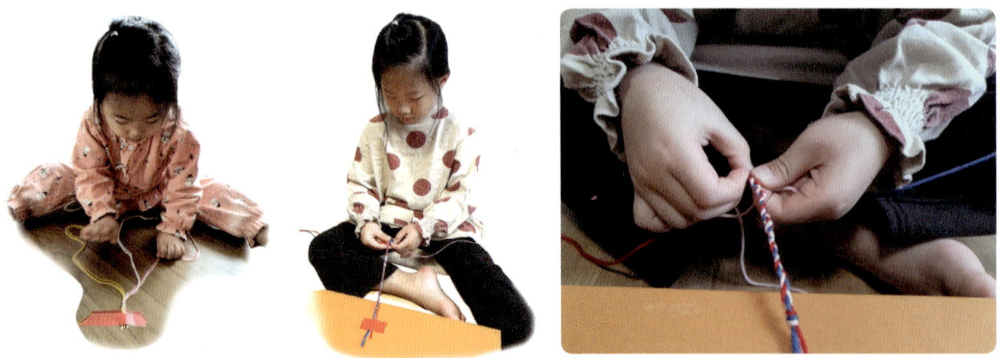

마스크 목걸이 줄 만들기

이렇게 준비해요

알록달록 색깔의 실 여러 개, 가위, 마스크 스트랩 연결고리(또는 핸드폰 연결고리)

이렇게 진행해요

① 원하는 여러 겹의 실을 준비하여 시작 부분을 하나의 묶음으로 매어준다.

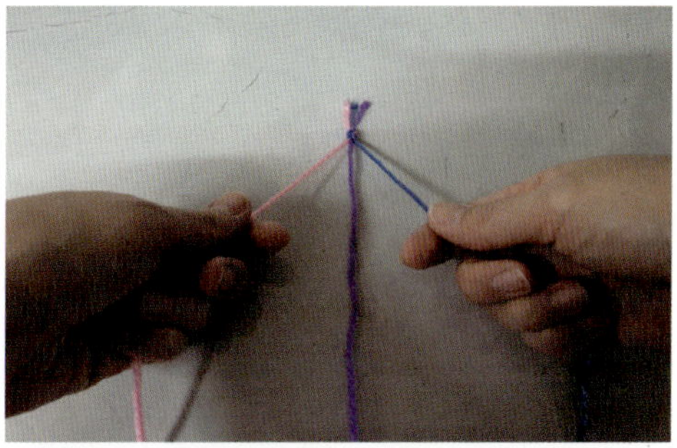

② 실을 세 부분으로 나눈 뒤, 앞뒤 부분의 실을 왼손, 오른손으로 잡아 쥔다.

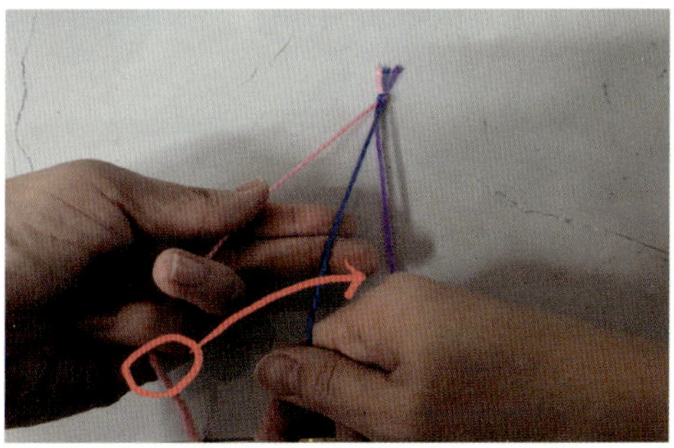

③ 오른손에 있는 끈을 가운데 끈 위로 지나 왼손으로 넘겨준다.

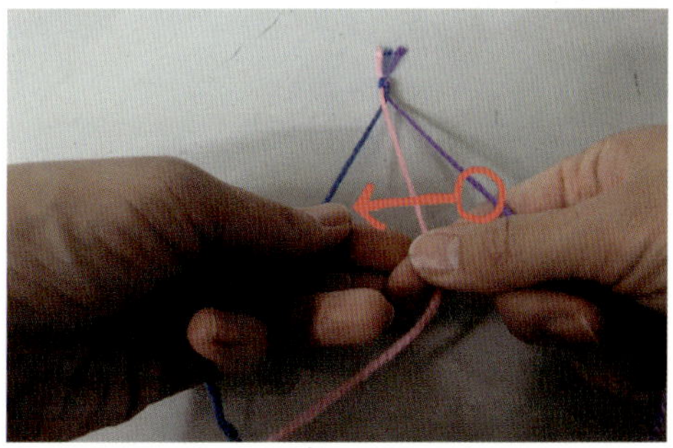

④ 오른손은 다시 가운데 끈을 쥐고 왼손의 끈이 다시 가운데 끈을 지나며 오른손으로 옮겨진다. 동일하게 반복하여 땋아본다.

⑤ 세 줄 땋기가 완성되면 끝부분을 하나의 묶음으로 매어준다.

⑥ 양쪽 끝의 묶은 부분에 연결고리를 이은 뒤 완성한다.

이렇게 활용해요

- 나만의 마스크 목걸이 줄을 만들어 착용하고 다닌다.
- 마스크 목걸이 줄을 만들어 친구나 가족에게 선물을 할 수 있다.
- 아이들이 만든 마스크 목걸이 줄로 작은 전시회를 꾸며볼 수 있다.
- 가정에서 부모님과 아이들이 함께 마스크 목걸이 줄을 만들어 보며 소통할 수 있는 기회를 마련해 준다.
- 마스크가 아니더라도 아이들의 다른 용도의 목걸이나 놀이 소품으로 활용할 수 있다.
- 땋기를 응용하여 실생활에서 머리카락 묶고 땋기도 해볼 수 있다.

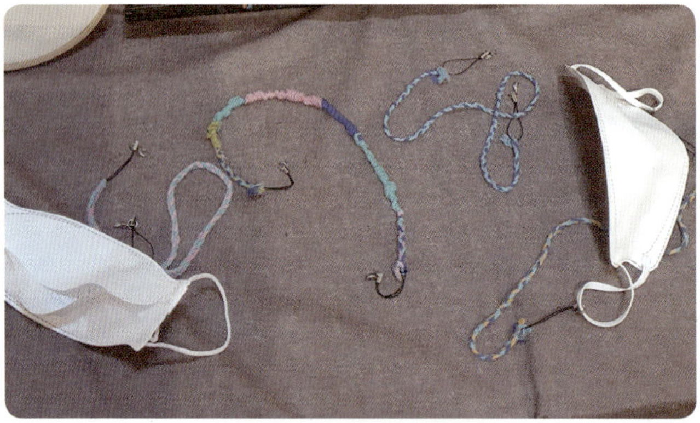

줄넘기 줄 만들기

이렇게 준비해요

두껍고 약간의 무게감이 느껴지는 실 또는 끈

이렇게 진행해요

① 실을 길게 준비하고 시작 부분을 묶어 매듭을 지어준다.

② 좌우로 실을 번갈아 넘겨주며 세 줄 땋기를 하고, 땋는 동안 땋지 않은 실이 엉키지 않도록 풀어준다.

③ 적당한 길이가 되면 매듭을 지어 마무리를 하여 줄넘기 줄을 완성한다.

④ (줄이 가볍거나 가늘 경우) ①~③ 과정을 반복하여 세 개의 줄을 만든 뒤 다시 땋기를 하여 완성한다.

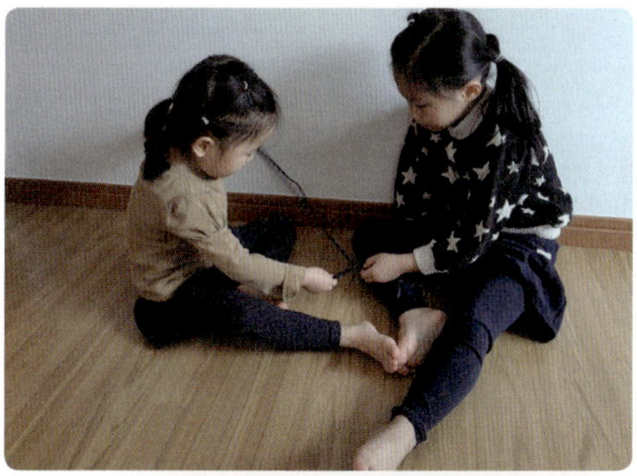

이렇게 활용해요

- 넓은 실내외에서 자유롭게 개인 줄넘기를 한다.
- 각자 만든 줄넘기를 여러 개 연결하여 긴 줄넘기를 할 수 있다.
- 줄을 이용한 다양한 놀이들(줄 아래로 통과하기, 줄 따라 걷기, 줄을 이용한 기차놀이 등)을 즐겁게 해볼 수 있다.

알아두면 좋을 TIP

사용하기 편리한 줄넘기 줄을 만들려면?

줄넘기 줄은 약간의 무게감이 있어야 돌리고 넘는데 불편함이 없어요. 따라서 두꺼운 실 중에서도 무게감이 느껴지는 실이 좋습니다. 만약 그런 실이 없다면 사용하지 않는 광목천 등을 실처럼 길게 잘라서 실 대신 사용할 수 있어요. (폭은 약 1cm 정도) 또는 길게 땋은 실을 3개 준비하여 다시 세 줄 땋기를 하면 보다 굵은 줄이 만들어질 수 있어요. 지끈을 땋아서 줄넘기 줄로 활용할 수도 있답니다.

장명루 팔찌 만들기

이렇게 준비해요

오방색 장명루 실, 가위

이렇게 진행해요

① 다섯 색깔의 장명루 실을 준비하여 시작 부분을 매듭지어 묶는다.

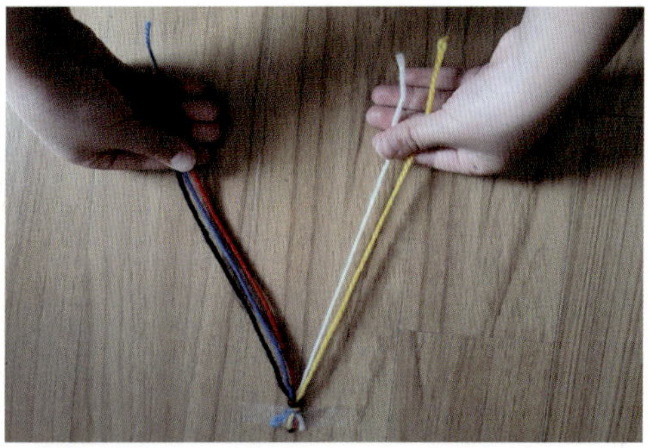

② 묶은 시작 부분을 잡아주거나 책상 위에 집게나 테이프로 단단히 고정한다.

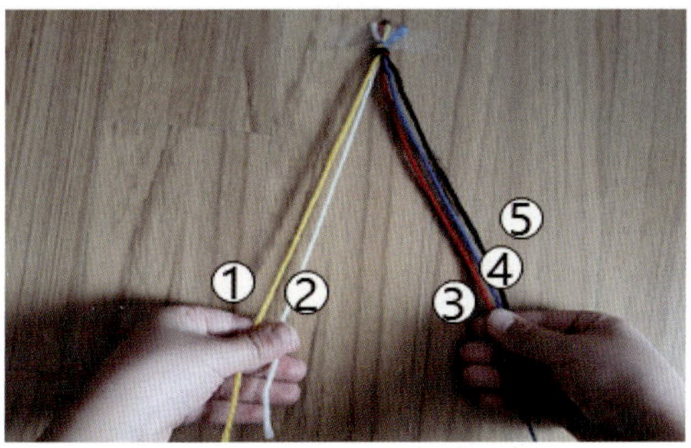

③ 5개의 실을 2줄과 3줄로 나누어 잡는다.

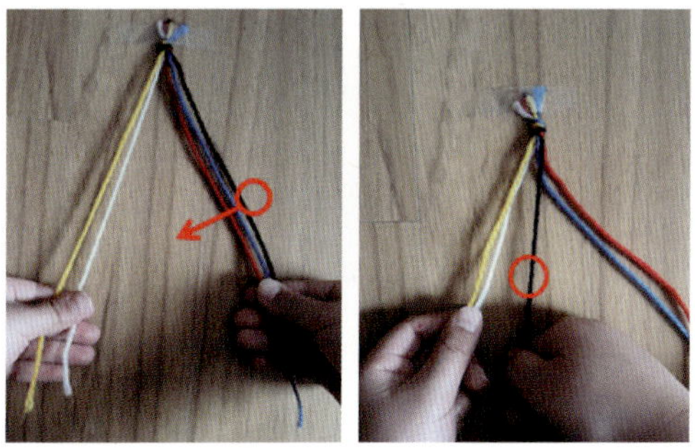

④ 3줄이 되어 있는 곳에서(사진에서는 오른쪽 손, 검정색) 가운데로 실을 보내어 반대편 손으로 잡는다.

⑤ 다시 3줄이 되어 있는 곳에서 가운데로 실을 보내면서 반대편 손으로 잡는다.

⑥ 번갈아 가면서 3줄의 끝에 있는 실을 가운데로 보내면서 엮으면 긴 줄이 완성된다.

⑦ 완성된 줄의 끝부분을 매듭지어 묶고 끝 부분은 가위로 잘라 조금 다듬어 준다.

⑧ 길이 조절을 위한 매듭을 지어 팔찌를 완성한다.

알아두면 좋을 TIP

'장명루'가 무엇일까요?

단오가 되면 건강하게 오래 살라는 의미로 어린아이의 손목에 오방색의 장명루를 매어주었습니다. 오방색은 빨강, 노랑, 파랑, 흰색, 검정색을 말하며 각각 동서남북의 4방위와 중앙을 의미합니다. 이러한 의미를 알고 아이들과 오방색 실로 소원 팔찌를 만들면서 단오잔치를 즐겨보면 어떨까요?

사선땋기로 팔찌 만들기

이렇게 준비해요

실(두꺼운 팔찌 – 9가닥 길게/ 가는 팔찌 – 4~5가닥 길게)

이렇게 진행해요

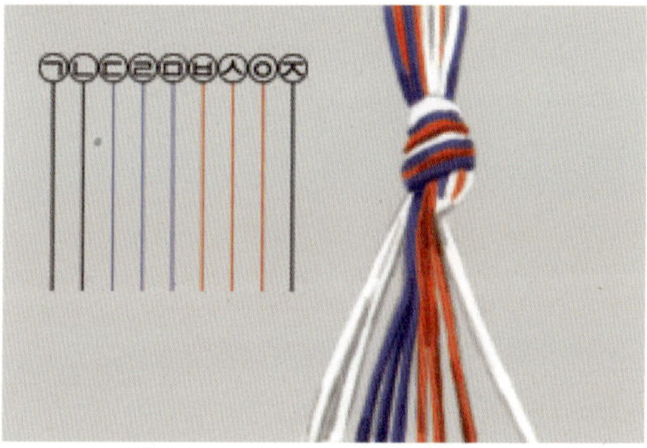

① 세 줄 땋기 할 길이의 약 1.5배 길이를 남긴 지점에서 하나로 묶고 테이프로 고정한다.

② 오른쪽 제일 끝의 실㉨을 왼손으로 잡아 맨 위로 오도록 하고, 오른쪽에서 두 번째 있는 실㉧을 밑으로 오게 하여 오른손으로 잡는다.

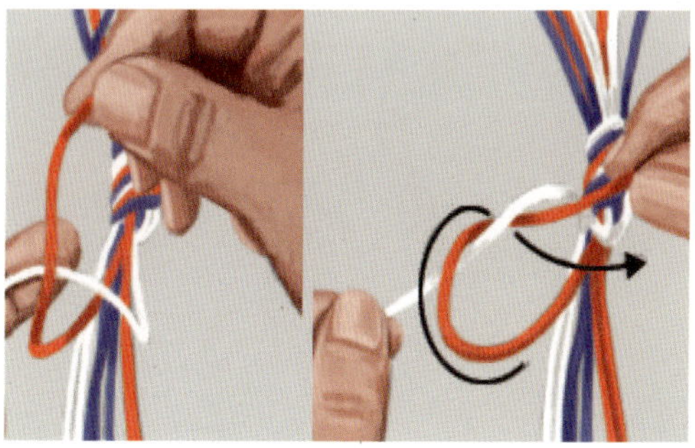

③ 실㉨(기둥실) 밑으로 실㉧(엮는실)을 걸어 올려 고리를 만들고 엮는 실을 고리에 끼운다.

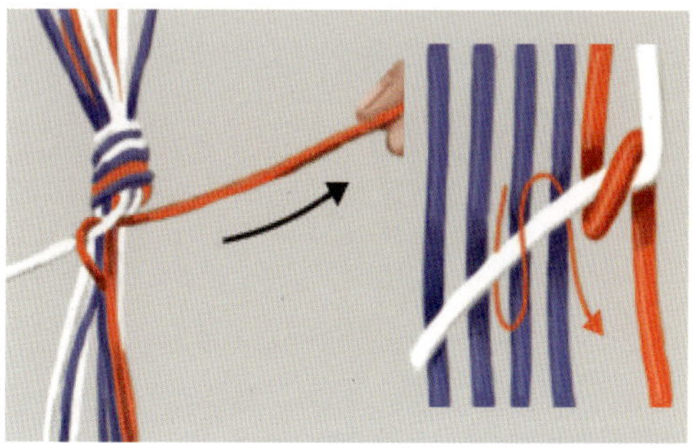

④ 왼손의 기둥실을 팽팽하게 당긴 채 오른손의 엮는실을 천천히 조인다.

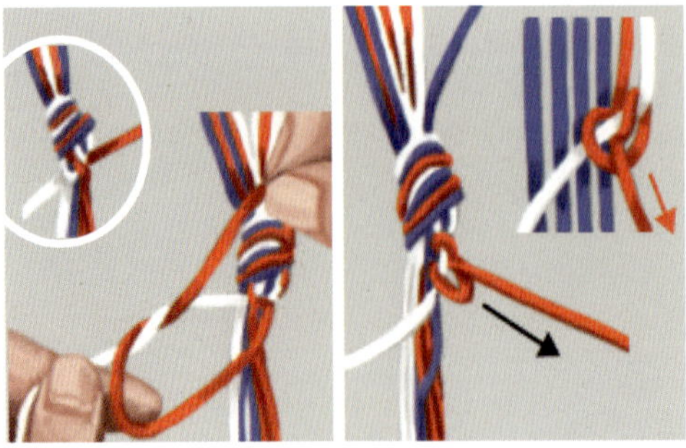

⑤ 그림과 같은 방법으로 고리에 끼워 넣고 기둥실을 당긴 채 엮는 실을 천천히 당긴다.

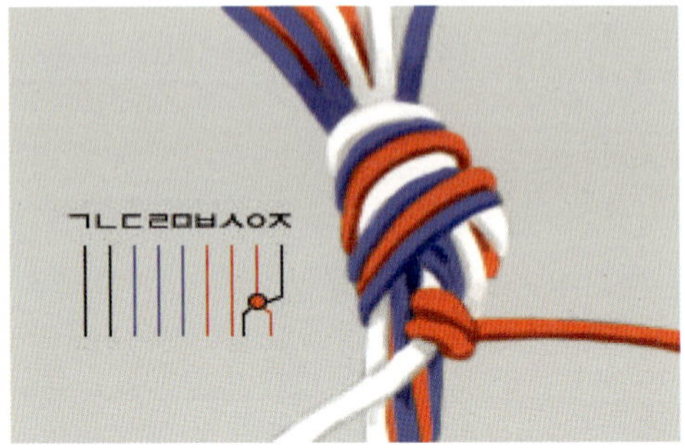

⑥ 두 번 묶으면 사선 엮기 매듭 하나가 완성된 것이다.

⑦ 왼손의 기둥실은 바꾸지 말고, 오른손의 엮는 실을 ㉦으로 바꾸어 앞의 과정을 반복한다.

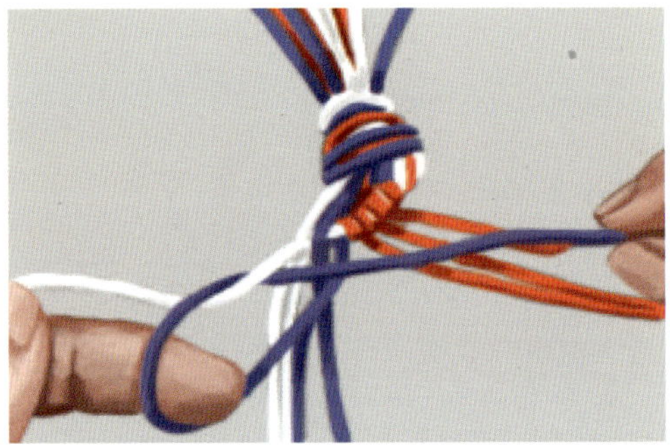

⑧ 왼손의 기둥실을 그대로 잡고, 엮는 실을 ㉦-㉥-㉤ 순서로 바꿔 엮는다.

⑨ 1단이 완성된 모습으로, 기둥실의 ㉨이 왼쪽 끝에 와 있다.

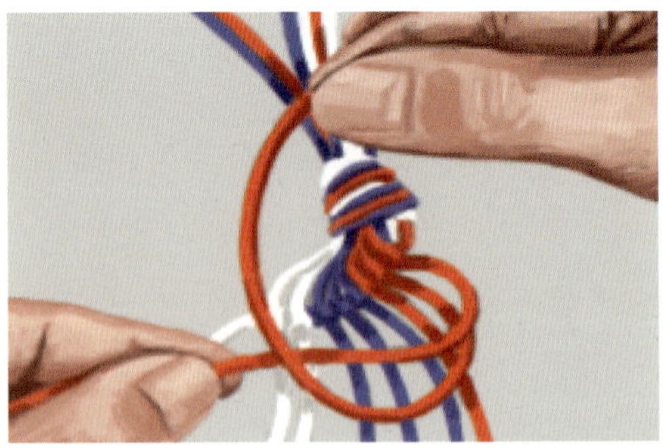

⑩ 2단 째는 오른쪽 끝의 ㉧이 기둥실이 된다. 기둥실을 왼손으로, 엮는 실을 오른손으로 잡고 앞의 과정을 반복해서 묶는다.

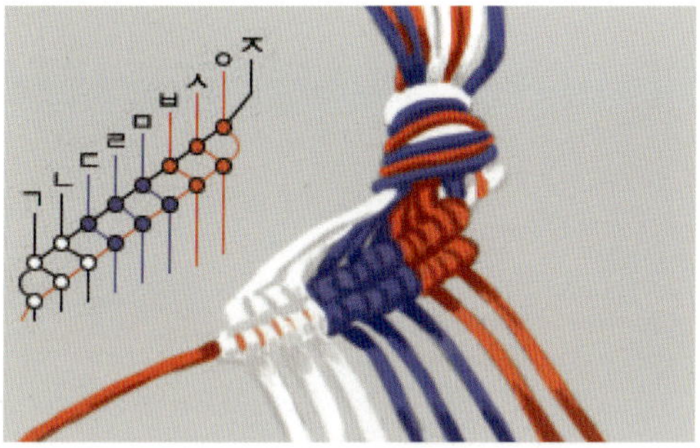

⑪ 엮는 실은 ㅅ-ㅂ-ㅁ-ㄹ-ㄷ-ㄴ-ㄱ-ㅈ 순서로 바꿔서 묶으면 2단 매듭이 완성된다.

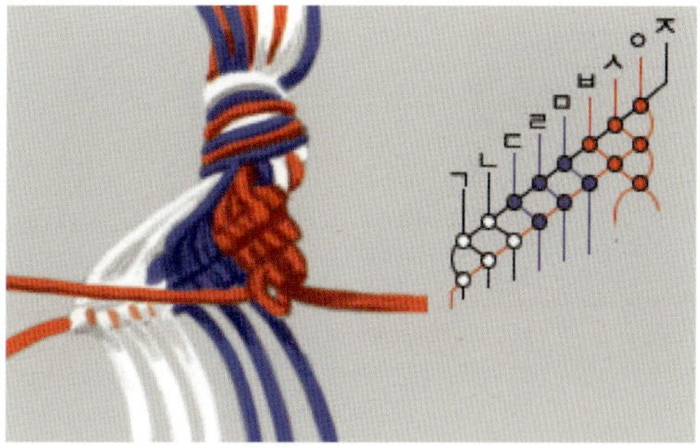

⑫ 3단 째는 오른쪽 끝의 ㅅ실이 기둥실이 된다. 앞의 과정을 반복해서 묶는다.

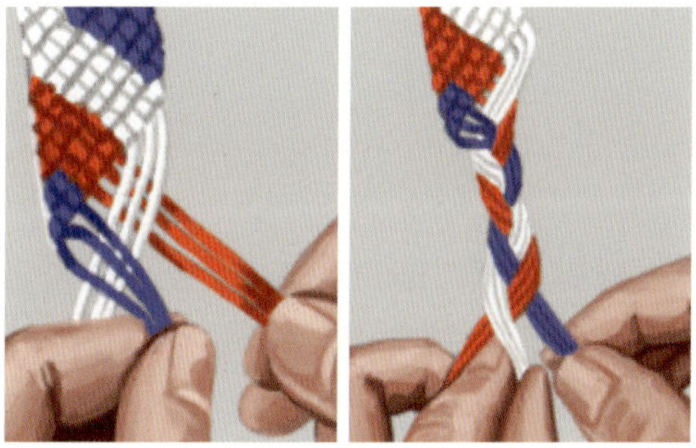

⑬ 필요한 길이만큼 매듭지은 뒤 9줄의 실을 세 줄로 나누고 세 줄 땋기를 한다.

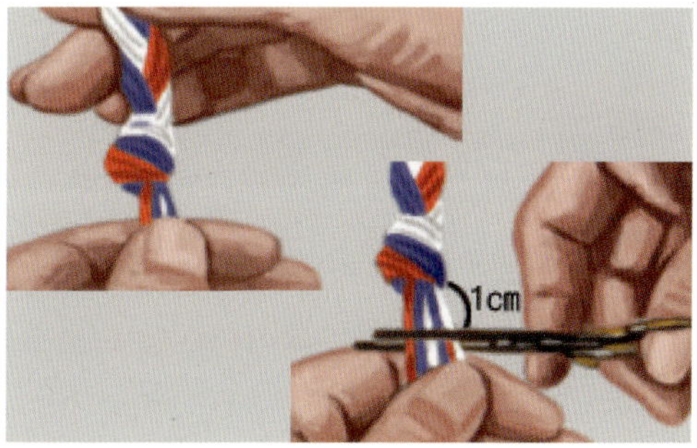

⑭ 끝을 하나로 묶고, 1cm정도 남긴 뒤 잘라서 정리한다.

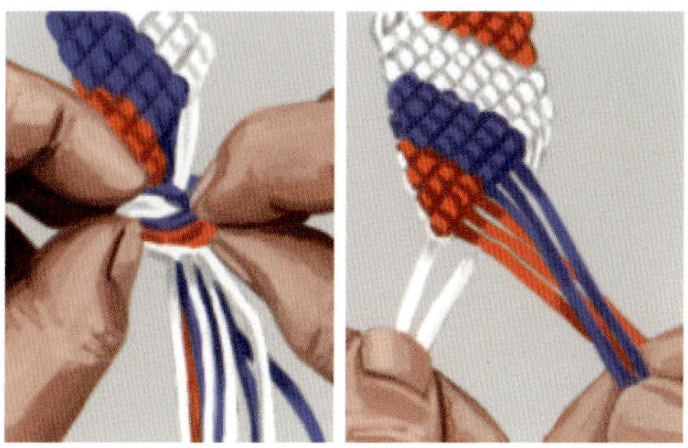

⑮ 테이프를 떼어내고, 처음에 묶었던 부분을 푼 뒤 9줄의 실을 세 줄로 나눈다.

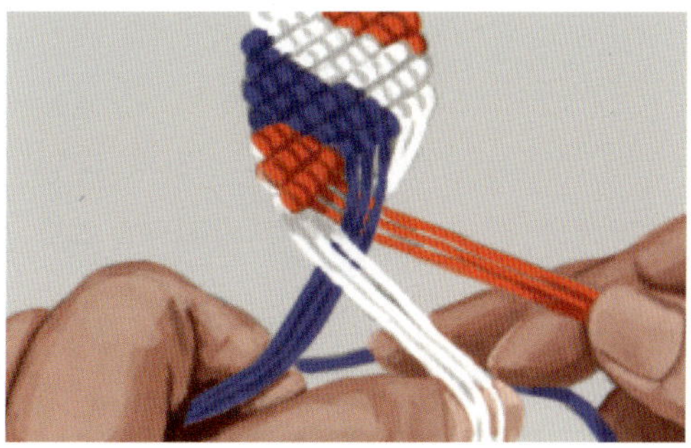

⑯ 방향을 바꿔서 세 줄 땋기를 하고 나서 하나로 묶고, 끝을 잘라 정리하면 완성이다.

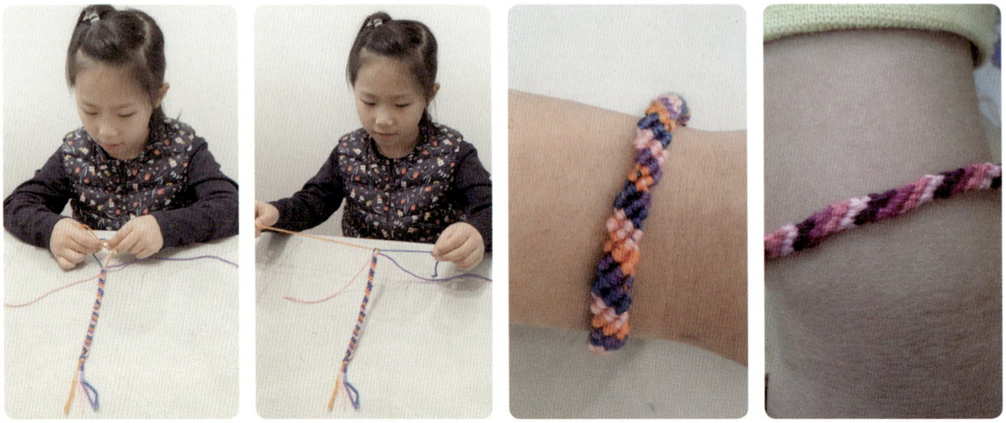

이렇게 활용해요

- 영아의 경우에는 장명루 팔찌, 사선으로 땋은 팔찌 만들기가 어려울 수 있어 부모님 또는 교사와 함께 만들어 볼 수 있는 시간을 가져본다. 그리고 부모님 또는 교사와 함께 만든 팔찌를 영아의 가방 지퍼 고리에 끼워주면, 영아들이 가방의 지퍼를 혼자서 열고 닫을 때 손잡이 역할을 해줄 수 있다. 또 영아들이 자신의 가방을 스스로 찾는 데도 도움을 준다.
- 장명루 팔찌의 경우 단오잔치 전 미리 가정에서 부모님과 만들어 볼 수 있도록 보낸 뒤, 아이들이 단오잔치 당일 팔찌를 착용하고 잔치를 즐길 수 있도록 할 수 있다.
- 사선으로 땋은 팔찌는 다양한 색깔과 길이, 두께의 팔찌로 만들어 아이들의 꾸미기 아이템으로 사용할 수 있다.

드림캐처 만들기

이럴 때 시작해요

아이들과 실로 할 수 있는 다른 놀이를 계획해 보고 싶을 때 시작해 볼 수 있다.

이렇게 준비해요

굵은 지끈(원 모양의 틀 만들기용), 털실, 가위, 테이프

이렇게 진행해요

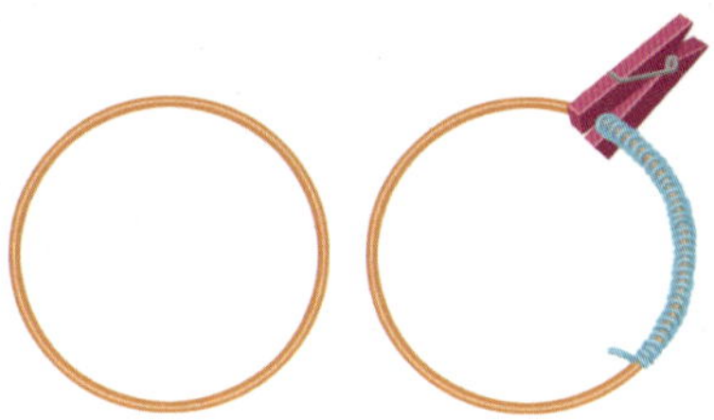

① 굵은 지끈을 동그랗게 두 번 정도 감아 원 모양의 틀을 만든 뒤 시작 실을 남겨두고 원틀을 실로 촘촘하게 감아 지끈이 보이지 않도록 한다(틀이 있으면 그대로 이용한다).

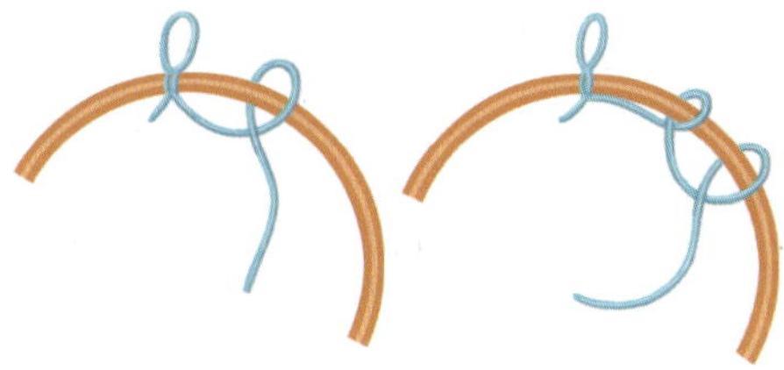

② 원틀에 감은 실은 풀리지 않게 매듭을 짓고, 또 다른 실을 원틀에 고정한 뒤 링 안을 통과하며 감아준다.

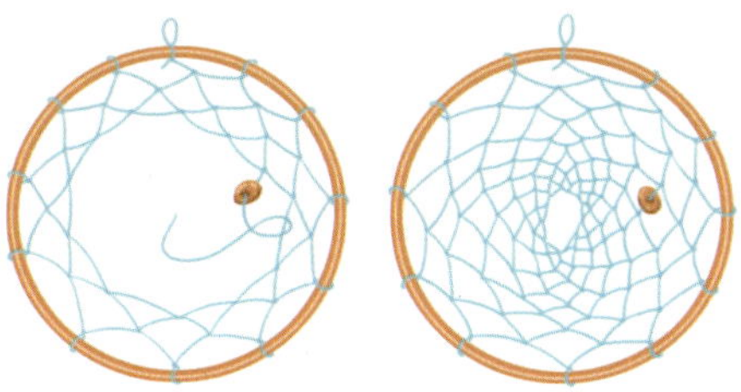

③ 그림과 같은 방식으로 실을 엮어 나간다(또는 아이들의 수준에 따라 자유롭게 모양을 만들어 나간다).

④ 자연물 또는 원하는 장식을 달면 완성된다.

이렇게 활용해요

- 아이들과 드림캐처를 만들고 활용하여 소원을 빌어본다.
- 교실 환경구성 소품으로 활용할 수 있다.
- 낮잠 자는 것을 힘들어하는 아이들을 위해, 좋은 꿈을 꾸며 편안하게 잘 수 있기를 소망하며 만들어 볼 수 있다.

부록 3 엄마, 아빠, 선생님을 위한 손끝놀이 ● 매듭으로 소품 만들기

손끝으로 한 땀 한 땀 매듭을 지어 만든 작은 소품들. 어찌 보면 소소한 선물이지만 직접 시간을 들여 만들어야 하고 만드는 과정 하나하나 정성이 필요하기에 값비싼 물건보다 더 의미 있는 선물이 아닐까요? 앞서 아이들과 해본 매듭 외에도 다양한 매듭법이 있습니다. 그중 '레이스 엮기'와 '좌우 엮기'를 활용하여 휴지걸이를 만들어 봅시다. 바쁜 일상에 약간의 여유를 가지고 손을 움직이다 보면, 답답한 마음도 우울감도 조금씩 사라지고 기분 전환이 될 것입니다.

이렇게 준비해요

매듭실(원하는 색상으로 2m×4줄), 철사 옷걸이(잘라서 활용)

이렇게 진행해요

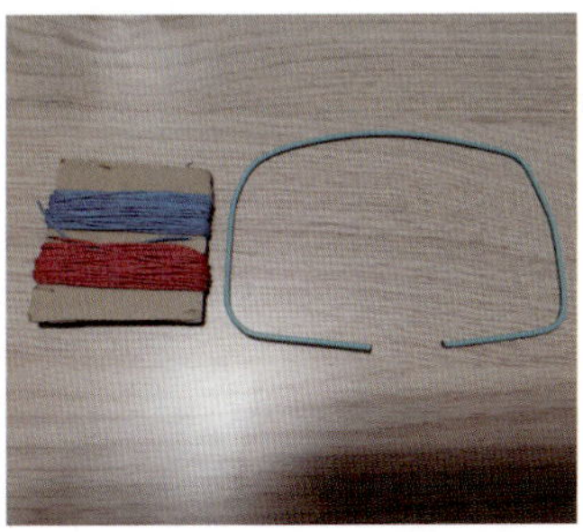

① 철사 옷걸이를 잘라 사진처럼 휴지걸이의 형태로 만든다.

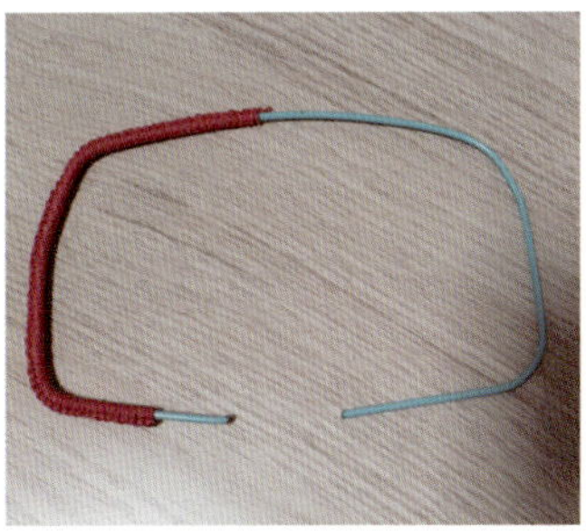

② 왼쪽 레이스 엮기★로 철사 왼쪽을 엮는다. 이때 철사 끝은 약 10cm 정도 남기고 자른다.

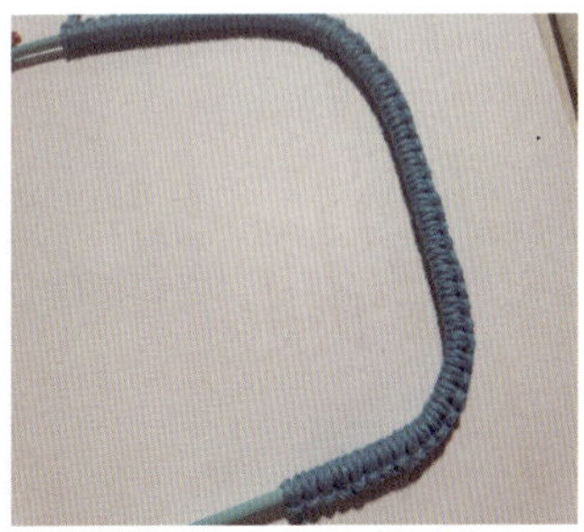

③ 오른쪽도 ②와 같이 하되, 오른쪽 레이스 엮기★로 철사 오른쪽을 엮는다.

④ 좌우 엮기★로 30cm 정도 엮는다.

⑤ 다 엮어지면 반으로 접어 사진과 같이 가운데에 묶는다.

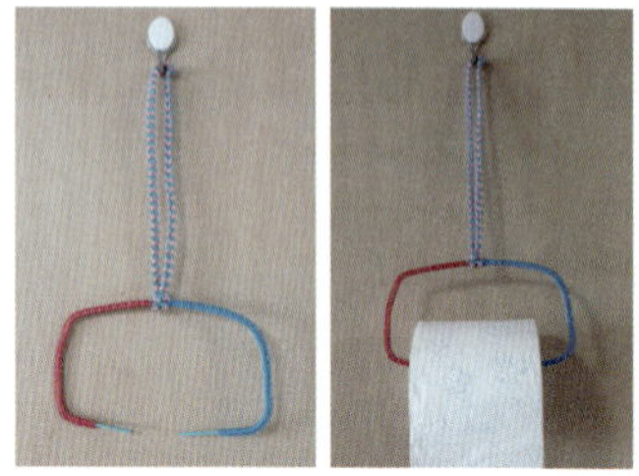

⑥ 완성되면 휴지걸이로 사용한다.

★ 왼쪽 레이스 엮기

① 중심 실(파란색)의 왼쪽에 엮는 실(보라색)을 놓는다. 엮는 실을 중심 실 위에서 아래로 1번 아래에서 위로 1번 감는다.

② 실을 잡아당겨서 조인다. 이렇게 하면 왼쪽 레이스 엮기 1세트가 완성된다.

★ 오른쪽 레이스 엮기

① 엮는 실(보라색)을 중심 실(파란색)의 오른쪽에 놓는다. 엮는 실을 중심 실 위에서 아래로 1번 아래에서 위로 1번 감는다.

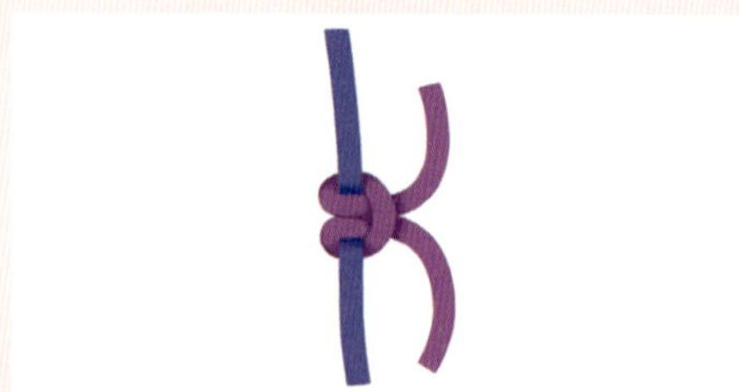

② 실을 잡아당겨서 조인다. 이렇게 하면 오른쪽 레이스 엮기 1세트가 완성된다.

★ 좌우 엮기

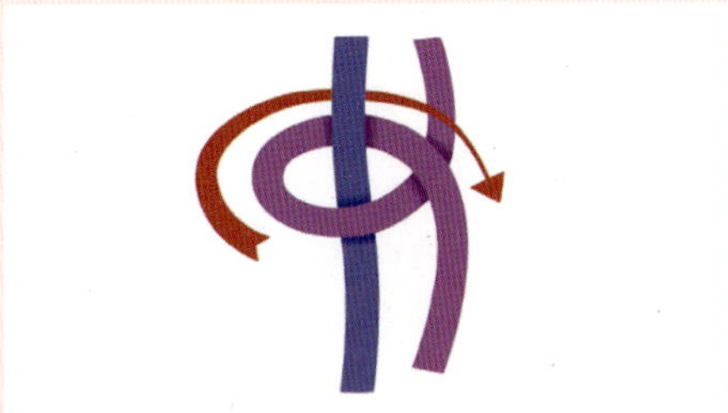

① 파란색을 중심 실로 하고 엮는실(보라색)을 감는다.

② 이번에는 보라색을 중심 실로 하고 파란색을 엮는 실로 감는다(1세트 완성). 이를 반복하면 된다.

알아두면 좋을 TIP

다양한 매듭으로 소품 만들기에 도전하세요!

레이스 엮기, 좌우 엮기의 방법을 활용·응용하여 팔찌, 열쇠고리 등 다양한 소품을 만들어 볼 수 있습니다. 이 외에도 평매듭, 돌려 엮기, 평돌기 등 다양한 매듭 방법들이 있답니다. 실만 있으면 시작할 수 있는 매듭 손끝놀이. 소소하지만 매력적인 취미가 될 수 있을 거예요.

㉒ 손가락 뜨기로 만들기

뜨개질 하면 보통 실과 바늘을 떠올리게 되는데, 간단한 방법으로 바늘 없이도 누구나 쉽게 만들 수 있는 손뜨개 기법이 있습니다. '핑거니팅'이라고도 불리는 손가락 뜨기인데, 바늘을 사용하는 것이 서툰 아이들도 실과 손가락만 있으면 손쉽게 소품을 만들어 볼 수 있는 마법 같은 뜨개질 기법입니다. 실의 길이와 굵기에 따라 만들 수 있는 소품들이 달라지므로 다양한 만들기를 경험해 보아도 좋을 것 같습니다.

이럴 때 시작해요

- 뜨개질을 막 시작하는 단계에서 계획해 볼 수 있다.
- 바늘 없이 간편한 뜨개질을 해보고 싶을 때, 또는 바늘 사용이 어려운 어린 연령의 아이들이 할 수 있는 뜨개질 방법으로 시도해 볼 수 있다.
- 틈새 시간, 자투리 시간을 활용하여 빠르게 결과물을 만들어 보고 싶을 때 시작해 볼 수 있다.

이렇게 준비해요

실(다양한 종류의 실), 가위

팔찌 또는 목걸이 만들기

이렇게 진행해요

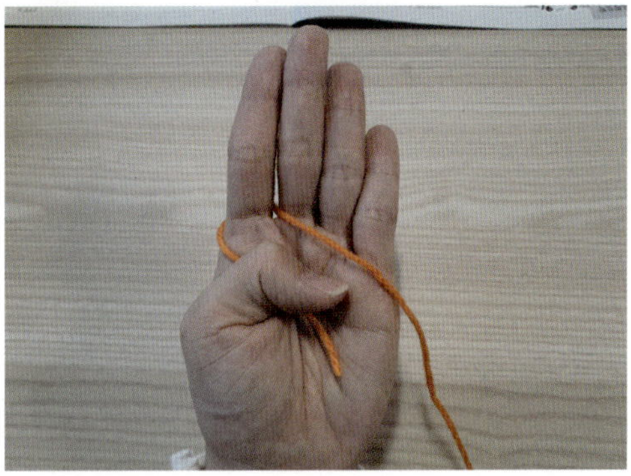

① 손바닥을 위로 향하게 한 뒤 실을 엄지와 집게손가락 사이에 끼우고 나머지 실은 집게손가락 뒤로 넘긴 뒤 집게와 가운데 손가락 사이로 뺀다.

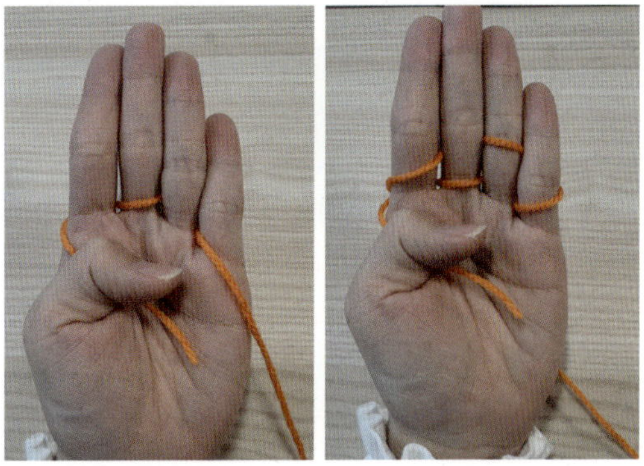

② ①에서 뺀 실을 가운데손가락 앞-약손가락 뒤-새끼손가락 앞을 감아 약손가락과 새끼손가락 사이로 실을 뺀 뒤 이번에는 약손가락 앞-가운데손가락 뒤-집게손가락 앞으로 감아 뒤로 넘긴다.

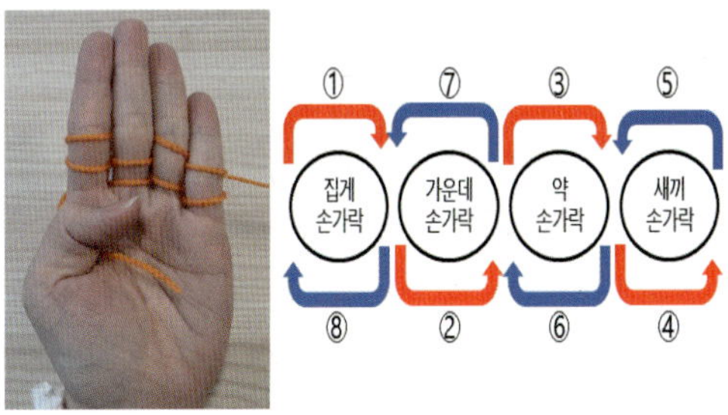

③ 앞의 과정을 한 번 더 반복하여 네 손가락에 실이 두 줄로 감기도록 한다. 이때 엄지와 집게손가락 사이에 끼운 실은 엄지손가락으로 잡아 남은 실이 빠지지 않도록 한다.

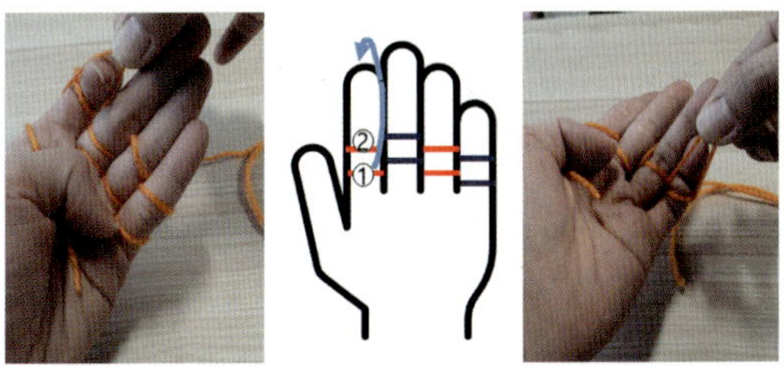

④ 집게손가락에 감겨 있는 실의 두 줄 중 아래에 있는 실(사진에서 ①)을 잡아 손가락 뒤로 넘긴다. 마찬가지로 다른 손가락도 아래에 있는 실을 잡아서 손가락 뒤로 넘긴다.

⑤ 실을 모두 넘긴 뒤 감는 실을 잡고 살살 잡아당겨 주어 모양을 바로 잡는다. 그리고 다시 집게손가락 뒤에서 출발하여 네 손가락 전체를 다 감아 각 손가락에 두 줄이 생기도록 한다.

⑥ 두세 번 정도 반복한 뒤 엄지와 집게손가락으로 잡고 있던 실을 놓는다. 그리고 ④와 ⑤의 과정을 반복한다.

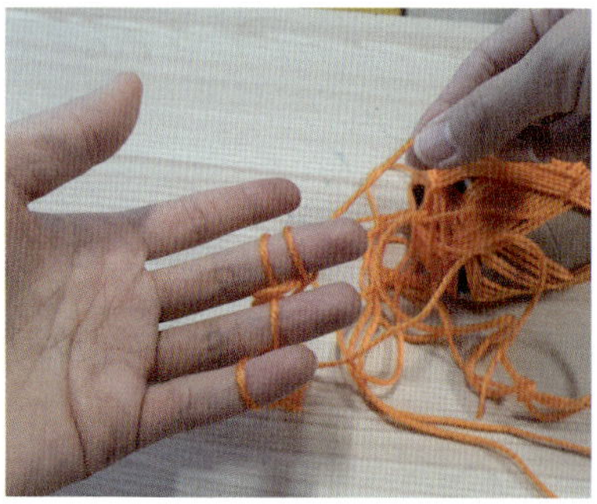

⑦ 원하는 길이가 되었으면 마무리 작업을 시작한다. 먼저 집게손가락에 있는 실을 손으로 빼내어 가운데 손가락에 있는 실 위에 끼운다. 이때 실을 뒤집지 않고 그대로 뺀 뒤 다음 손가락에 끼워야 한다.

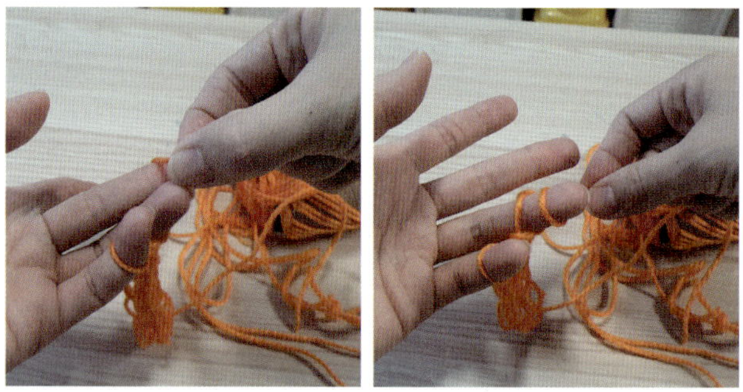

⑧ 가운데 손가락의 아래에 있는 실을 손가락 뒤로 넘긴다. 그리고 가운데 손가락의 남아있는 실을 그대로 빼내어 약손가락의 실 위에 끼우고 마찬가지로 약손가락 아래의 실을 손가락 뒤로 넘긴다.

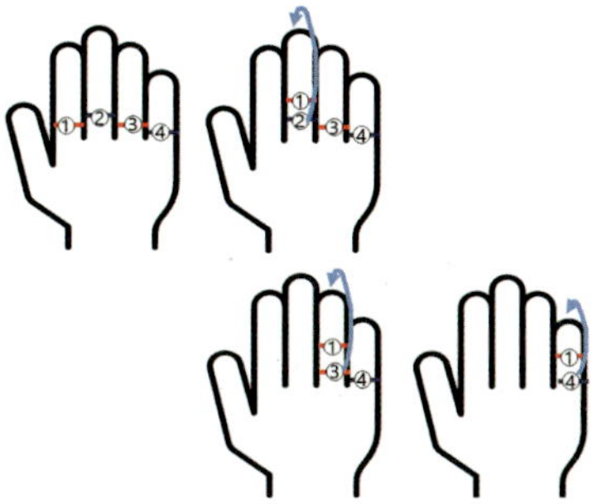

⑨ 위의 ⑦, ⑧의 과정을 설명하는 그림

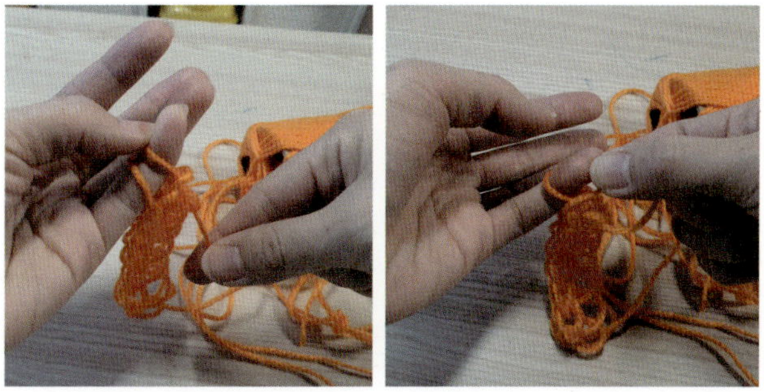

⑩ 새끼손가락의 실이 한 줄이 될 때까지 반복한다. 연결된 실은 매듭지을 부분을 생각하며 자른 뒤 새끼손가락에서 뺀 실의 구멍 안으로 넣어 매듭을 짓는다.

⑪ 실을 자르고 매듭지어 완성한 모습

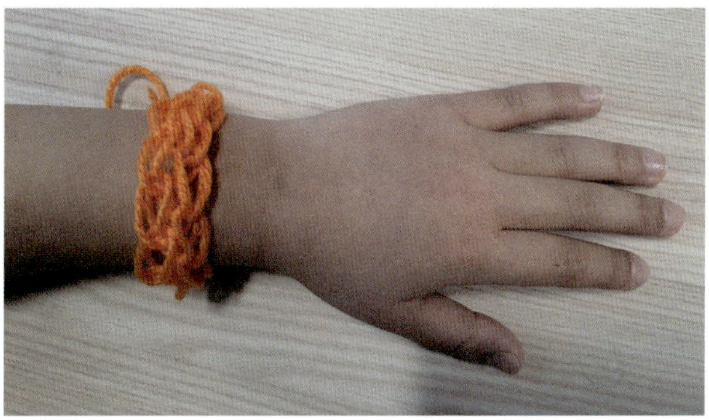

⑫ 팔찌 완성. 손뜨개를 더 길게 하면 목걸이가 된다.

목도리 만들기 I

이렇게 진행해요

① 굵고 부드러운 실을 준비한다.

② 네 손가락 핑거니팅 방법을 이용하여 손가락 뜨개질을 한다.

③ 원하는 만큼의 길이로 손가락 뜨개질을 하여 마무리한다.

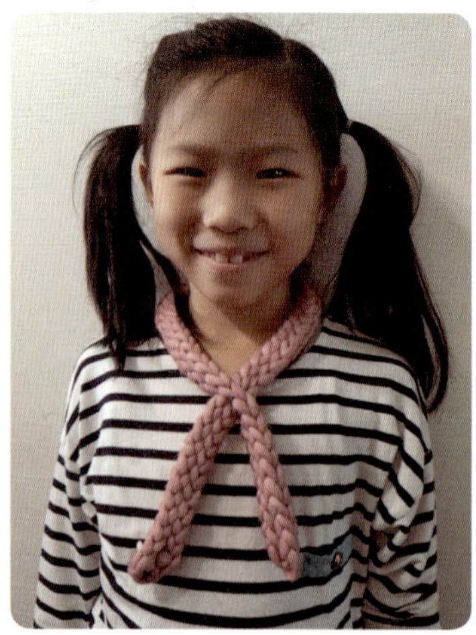

알아두면 좋을 TIP

두 손가락, 세 손가락 핑거니팅도 가능해요!

네 손가락으로 하는 핑거니팅이 어렵다면 두 손가락 또는 세 손가락으로 하는 핑거니팅도 가능해요. 방법은 네 손가락으로 하는 핑거니팅과 동일하게 손가락 앞뒤를 왔다 갔다 하면서 실을 감는데 집게손가락과 가운데손가락 또는 약손가락까지 사용하여 뜨개질을 할 수 있어요.

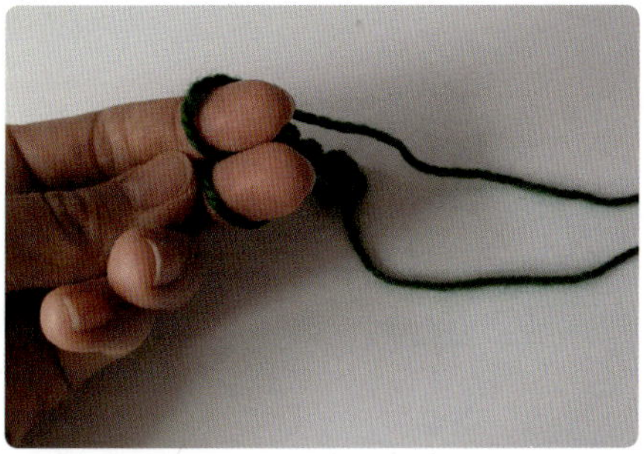

이렇게 활용해요

- 팔목 둘레에 맞춰 짧게 뜨면 팔찌가 되고, 길게 뜨면 목걸이가 되므로 실의 길이를 조절하여 팔찌와 목걸이를 만들어 일상에서 착용하거나 역할놀이의 소품으로 활용할 수 있다.
- 팔찌와 목걸이에 실로 테슬이나 털실방울을 만들어 달거나 구슬을 달아볼 수도 있다. 또 리본 모양으로 매듭을 지어주면 좀 더 예쁜 작품이 완성된다.
- 굵은 실(울실, 페브릭얀실 등)을 사용하여 쁘띠 사이즈의 목도리 또는 긴 목도리를 만들어 따뜻하게 착용할 수 있다.
- 크리스마스 리스나 교실 환경을 꾸밀 수 있는 다양한 소품으로 만들어 활용이 가능하다.
- 부모와 함께 할 수 있는 간단한 손끝놀이이므로, 가정에서 아이들과 해볼 수 있도록 안내하거나 부모모임 또는 부모참여수업을 활용하여 함께 손끝놀이를 하는 시간을 가져볼 수 있다.

목도리 만들기 II

이렇게 준비해요

퍼피파인실(고리실), 가위

이렇게 진행해요

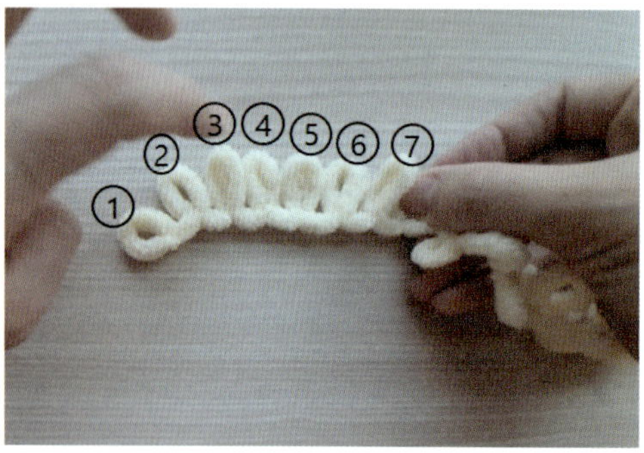

① 목도리 폭만큼(7코) 코를 잡고, 나머지 실은 뒤로 뺀다(원하는 폭만큼의 코를 잡아준다).

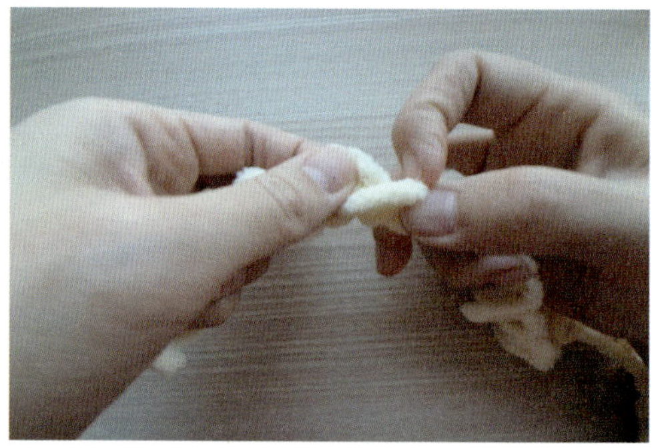

② 뒤로 뺀 실의 여덟 번째 코를 7코에 넣는다.

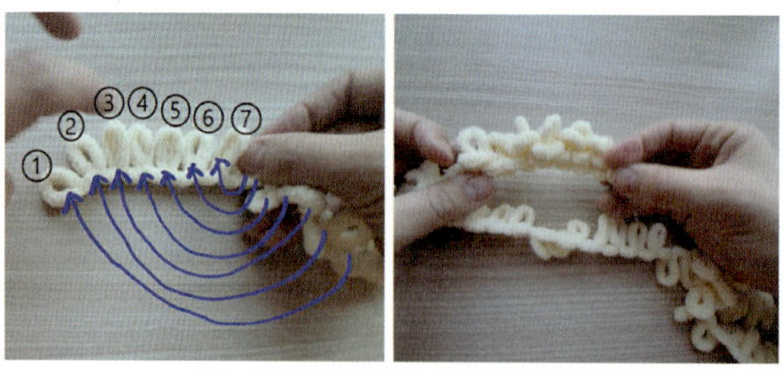

③ 이어지는 아홉 번째 코를 6번 코에 넣는다(반복하여 14코-1코까지 하면 1줄 완성).

④ 뒤로 뺀 실을 도착 지점부터 시작하여 다시 7개의 코에 순서대로 넣는다(2줄 완성).

⑤ ③과 ④의 과정을 반복하면서 원하는 길이만큼 만든다.

⑥ 앞뒤 모습

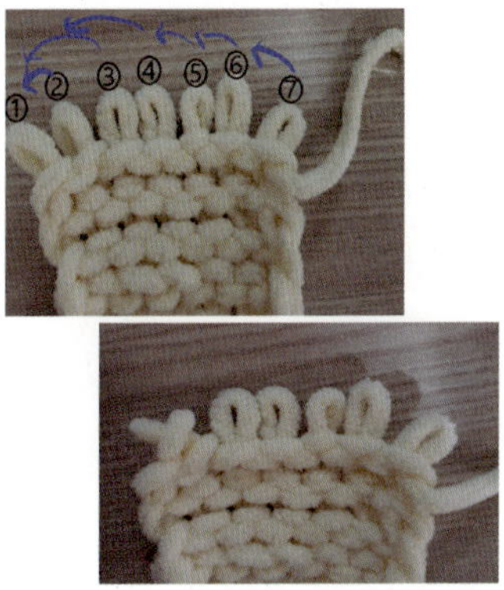

⑦ 2코 남겨 놓은 실을 자른다. 그리고 그림의 2코를 1코에 끼우고, 3코를 2코에 끼우며 7코까지 반복하여 끼운다.

⑧ 모두 끼운 뒤 실을 마지막 코에 끼우고 남은 실을 정리하면 목도리가 완성된다.

이렇게 활용해요

- 원하는 길이의 목도리를 만들어 착용할 수 있다.
- 코를 많이 하여 넓게 뜨면 무릎담요를 만들 수 있고, 작게 뜨면 소꿉놀이 소품이나 가방 등을 만들어 활용이 가능하다.

헤어밴드 만들기

이럴 때 시작해요

- 퍼피파인실을 이용하여 다른 소품을 만들어 보고 싶을 때 시작해 볼 수 있다.
- 머리 고무줄을 좀 더 색다르게 바꾸고 싶을 때 해볼 수 있다.

이렇게 준비해요

퍼피파인실(고리실), 가위, 머리 고무줄

이렇게 진행해요

① 퍼피파인실과 머리 고무줄을 준비한다.

② 첫 시작 코는 가위로 잘라서 마무리할 때의 실로 사용한다.

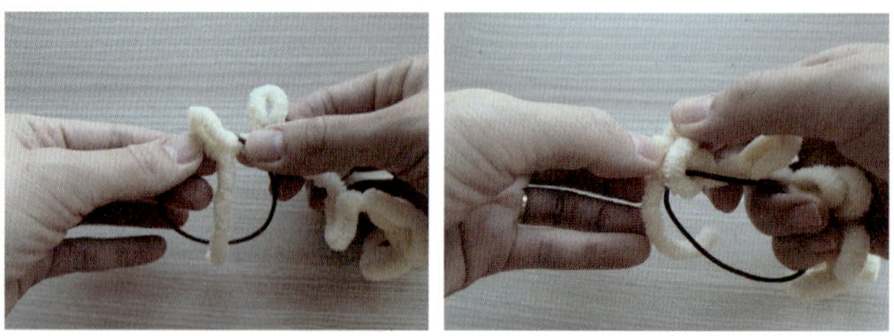

③ 1번과 2번 코 사이에 고무줄이 들어갈 수 있게 교차를 한 뒤 2번 코를 1번 코 안으로 넣는다.

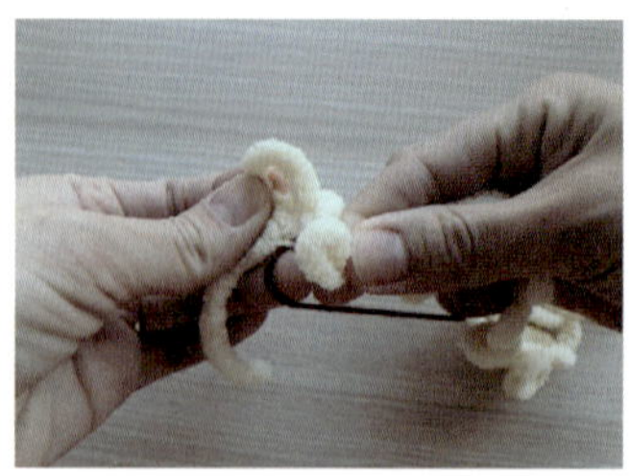

④ 3번 코를 고무줄 안쪽으로 감아 2번 코에 넣는다.

⑤ 4번 코를 고무줄 바깥쪽으로 감아 3번 코에 넣는다.

⑥ ④와 ⑤의 과정을 반복하여 고무줄 둘레를 촘촘하게 감는다.

⑦ 원하는 만큼 감은 뒤 2코 정도 남기며 실을 자르고 코도 가위로 잘라준 뒤 마지막 코에 넣어 매듭을 짓는다.

⑧ 남은 실들을 지그재그로 넣어 마무리를 하면 헤어밴드가 완성된다.

이렇게 활용해요

- 만든 헤어밴드를 이용하여 머리카락 묶는 연습을 해 본다.
- 헤어밴드가 아닌 팔찌, 가방 장식 등 다른 용도로 사용할 수 있다.

털실방울 만들기

이럴 때 시작해요

- 부드러운 실이 있을 때, 아이들에게 실의 질감을 느끼게 해주고 싶을 때 계획해 볼 수 있다.
- 목도리나 귀도리 등 털실로 만든 결과물이 완성되어 갈 때쯤 시작할 수도 있다.

이렇게 준비해요

털실(보풀이 잘 풀릴 수 있는 재질), 가위

이렇게 진행해요

① 손가락에 실을 만다. 방울을 작게 하고 싶다면 손가락을 몇 개 빼도 좋다.

② 손가락에서 실뭉치를 빼고, 중간 부분을 묶어준다.

③ 실뭉치의 좌우 고리에 가위를 넣고 자른다.

④ 털어서 실이 조금 풀리도록 한다.

⑤ 가위로 공 형태로 다듬어 낸다.

⑥ 원하는 크기와 모양으로 다듬는다.

⑦ 털실방울이 완성되면 줄을 이어서 다양하게 활용할 수 있다.

이렇게 활용해요

- 털실방울을 목도리나 귀도리에 연결하면 귀여운 분위기를 연출할 수 있다.
- 크기가 다른 여러 개의 공을 만들어 실내 공놀이용으로 사용할 수도 있다.
- 여러 개를 연결하여 창문이나 문 등에 실내 장식용으로 활용할 수 있다.

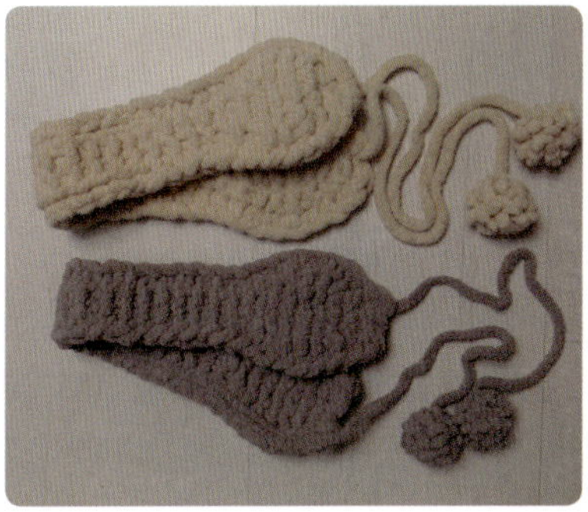

알아두면 좋을 TIP

휴지심을 이용하여 털실방울을 만들 수 있어요.

손에 실을 감는 것이 어려울 경우, 휴지심에 실을 감아보는 것도 하나의 방법이 될 수 있어요. 최대한 실을 많이 감아야 보슬보슬한 털실방울이 만들어지므로 촘촘하게 많이 감을 수 있도록 해주세요.

23 틀로 뜨개질하기

주변에서 흔히 구할 수 있는 재활용품들이 때로는 아이들에게 재미있는 놀잇감이 되기도 합니다. 그중에서도 크고 작은 상자들이 뜨개질을 위한 도구로도 사용될 수 있다는 것을 알고 계신가요? 뜨개바늘 대신 빈 상자곽을 이용하여 뜨개질을 해보며 아이들과 즐거운 손끝놀이 시간을 경험해 봅시다.

상자곽으로 뜨개질하기

이럴 때 시작해요

- 목도리를 직접 만들어 보고 싶어 하는 아이들을 위해 시도해 볼 수 있다.
- 뜨개질을 해보고 싶을 때 시작해 볼 수 있다.
- 바늘을 이용한 뜨개질이 어려운 연령의 경우, 상자곽이나 니팅룸(뜨개질 틀)을 활용하여 뜨개질을 시작해 볼 수 있다.
- 재활용품을 다양하게 이용해 보고 싶을 때 상자곽을 이용한 뜨기를 시도해 볼 수 있다.

이렇게 준비해요

빈 상자(직사각형 또는 정사각형 곽티슈), 실(털실 및 부드러운 실 가능), 가위, 테이프, 펜, 돗바늘

이렇게 진행해요

① 곽티슈 빈 곽을 모양과 같이 자른다.

② 시작점을 표시한 후, 시작점 모서리에 실을 테이프로 붙이고 시작한다.

③ 시작점에서 실을 뒤로 한 번 보낸 뒤 앞으로 뺀다.

④ 실을 한 바퀴 돌아 감고, 튀어나온 네모 하나가 한 코이다.

⑤ 한 줄을 모두 ④번과 동일한 방법으로 감는다.

⑥ 걸려있던 1줄 위쪽에 새 줄을 놓은 후, 1줄을 잡고 2줄 위로 올려 종이곽 뒤로 넘긴다. 2줄이 딸려 넘어가지 않도록 잡아준다.

⑦ 2줄 1코 완성. ⑥번과 동일한 방법으로 계속 진행한다.

⑧ 계속 진행한 모습

⑨ 상자 내부에 목도리가 넘쳐 나오면, 시작 부분에 붙였던 테이프와 실을 떼어내고 아래의 구멍으로 뺀다.

⑩ 원하는 끝처리를 선택하여 ⑪(둥근 모양) 혹은 ⑫(네모 모양) 중 하나로 마무리한다.

⑪-① 상자 아래 구멍으로 떼어낸 시작 실을 꺼내고 실을 당기면 둥글게 모아진다.

⑪-② 실 끝에 돗바늘을 끼우고, 둥근 끝 사이사이에 두세 번 감침질을 해준다.

⑪-③ 매듭을 묶고 목도리 내부로 당겨준 후 자르고, 실은 안으로 넣는다.

⑫-① 실을 끝까지 당겨 조이지 않고 목도리 너비만큼 조여준다. 한쪽으로 조여지지 않도록 손으로 끝을 조이거나 늘려서 모양을 맞춘다.

⑫-② 끝부분 사선 모양의 실을 따라 감침질을 한 후, 한 번 더 시침질을 한다.

⑬ 원하는 길이만큼 ⑦번의 방식대로 진행한다.

⑭ 시작점 1코 전에 실타래에서 실을 자르고, 돗바늘을 끼운다.

⑮ 시작점에서 바늘을 아래 방향에서 끼워 올린다.

⑯ 실을 당겨서 한 코를 뺀다.

⑰ 모든 코를 같은 방향으로 한다. 다 뺀 후 ⑪ 혹은 ⑫와 동일하게 마무리한다.

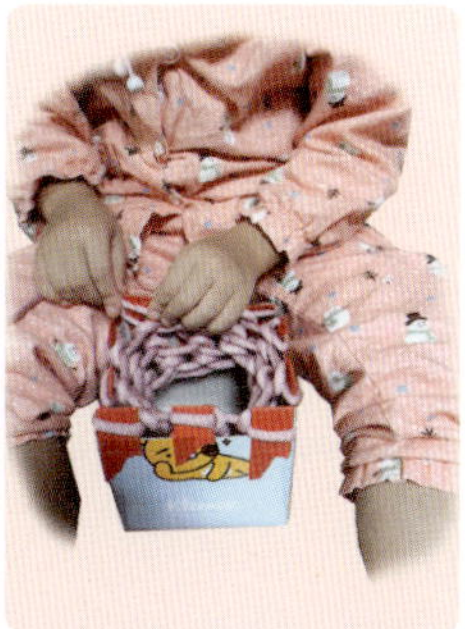

알아두면 좋을 TIP

상자곽 요철(코) 만들기

상자곽 요철은 일정한 크기로 만들어야 하는데, 1.5~3cm 정도가 적당한 것 같아요. 그리고 뜨개질을 계속 하다 보면 요철이 흐느적거리거나 찢어질 수 있어 테이프로 감아 단단하게 만들어 주면 완성할 때까지 충분히 사용할 수 있어요. 또한 상자의 볼록 부분(자르지 않은 부분)의 너비가 넓어질수록 실도 굵어져야 하므로 요철의 간격 맞추기가 중요하답니다.

다양한 상자를 활용해 보세요!

상자곽 뜨개질 방법을 소개할 때 보통은 직사각형 모양의 티슈 상자를 활용합니다. 그렇지만 정사각형 모양의 티슈 상자, 500ml(1000ml 가능) 우유팩, 떡 상자, A4용지 박스 등 주변에서 쉽게 구할 수 있는 다양한 상자를 사용할 수 있습니다. 모양과 크기에 변화를 줄 수 있는 다양한 상자를 활용하여 즐거운 뜨개질을 해볼 수 있습니다.

휴지심으로 뜨개질하기

이렇게 준비해요

휴지심, 나무 아이스크림 막대(또는 나무젓가락) 4개, 가위, 테이프, 털실

이렇게 진행해요

① 휴지심과 아이스크림 막대(사진에서는 나무젓가락), 털실, 테이프, 가위를 준비한다.

② 테이프를 이용해 휴지심에 막대를 간격을 맞춰 고정시키고 털실의 끝을 테이프로 붙여 시작점을 표시한다.

③ 털실을 막대에 한 바퀴 감고 다른 막대들도 감는다. 같은 방법으로 더 감아 막대에 두 줄이 감겨 있도록 만든다.

④ 아래에 있는 실을 위의 실로 넘겨 막대 뒤로 넘긴다(나머지 막대도 동일한 방법으로 진행한다).

⑤ 휴지심 안에 실이 가득 차면 시작실의 테이프를 떼어 휴지심 아래로 통과시켜 빼낸다.

⑥ 원하는 길이만큼 만든 뒤 한 코씩 옮기고 아래의 실을 넘겨주면서 마무리를 하면 완성된다.

니팅룸으로 뜨개질하기

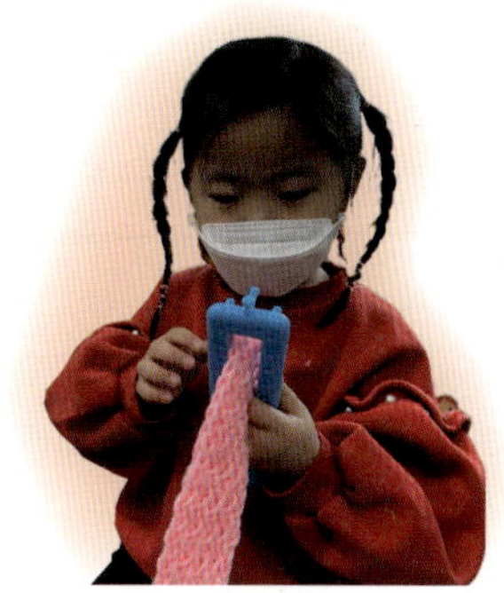

이렇게 준비해요

사각 니팅룸, 털실

이렇게 진행해요

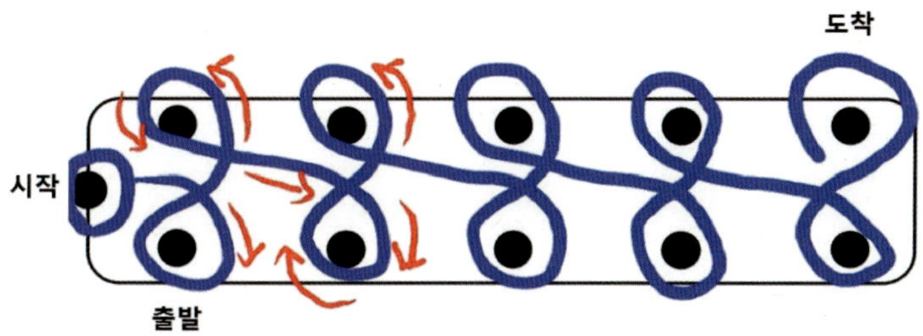

① 시작 부분을 묶고 8자를 그리면서 원하는 만큼 감아준다.

② 출발에서 시작하여 도착까지 감고, 다시 도착에서 출발까지 감아서 2줄을 만든다.

③ 아래의 실을 위로 모두 넘기고, 다시 앞의 과정을 반복한다.

이렇게 활용해요

- 6, 7세 아이들 또는 낮잠을 자지 않는 경우, 목도리 만들기를 하면서 손끝놀이 시간을 보낼 수 있다.
- 내가 만든 목도리를 착용하고 바깥활동(산책, 바깥놀이)을 즐긴다.
- 가정에서 아이들이 부모님과 함께 상자, 휴지심, 니팅룸 등 원하는 방법으로 목도리를 만들어 볼 수 있도록 안내하여, 가족과 돈독한 시간을 가져볼 수 있도록 배려한다.

24 직조 짜기

옷감(직물)은 어떻게 만들어질까요? 씨실(가로실)과 날실(세로실)이 만나 교차되어 만들어지지요. 옛날에는 손수 옷감을 짜서 옷을 만들어 입었어요. 옷감을 짤 때 사용하는 방식인 직조 짜기로 다양한 일상용품을 만들어 볼 수 있답니다. 씨실과 날실이 만나 만들어진 옷감으로 가방도 만들고 컵받침도 만들어 봅시다.

이럴 때 시작해요

- 칠월칠석에 '견우와 직녀' 동화를 통해 자연스럽게 직조에 대한 관심을 가질 경우 만드는 방법을 안내하며 계획한다.
- 뜨개질을 하고 남은 자투리 실이나 자투리 천 등을 재활용할 수 있는 방법으로 직조 짜기를 안내하며 계획한다.

이렇게 준비해요

직조 틀(또는 아래와 같이 박스를 재활용하여 잘라서 만들어도 됨), 다양한 실, 가위, 돗바늘, 테이프

기본 직조 짜기

이렇게 진행해요

① 원하는 크기의(만들고자 하는) 골판지(박스)를 준비한다.

② 일정한 폭(실의 두께에 따라 폭의 크기는 달리하되)으로 위, 아래에 선을 그어 표시한다.

③ 가위로 선을 따라 약 1.5cm 정도의 깊이로 자른다.

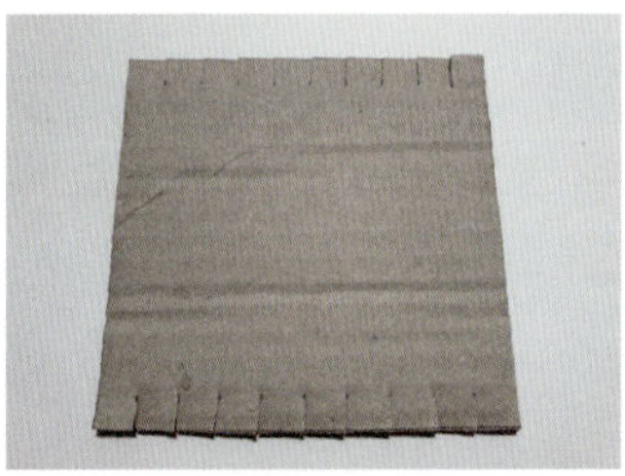

④ 위와 아래를 일정한 간격으로 자른 모습

⑤ 날실을 첫 번째 자리에 끼운다(끝은 뒷면으로 가도록 한다).

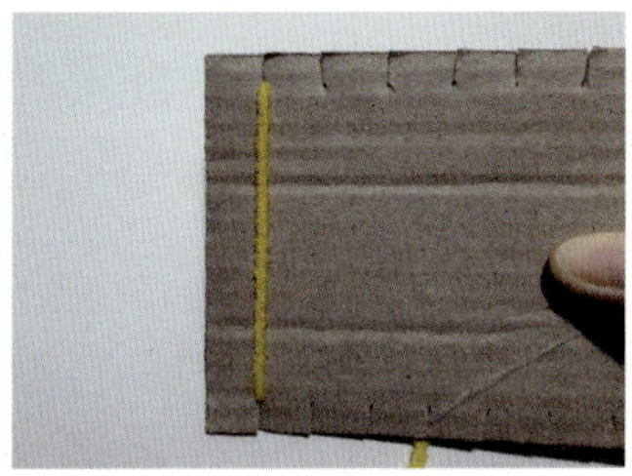

⑥ 앞면의 마주보는 틈으로 날실을 끼운다.

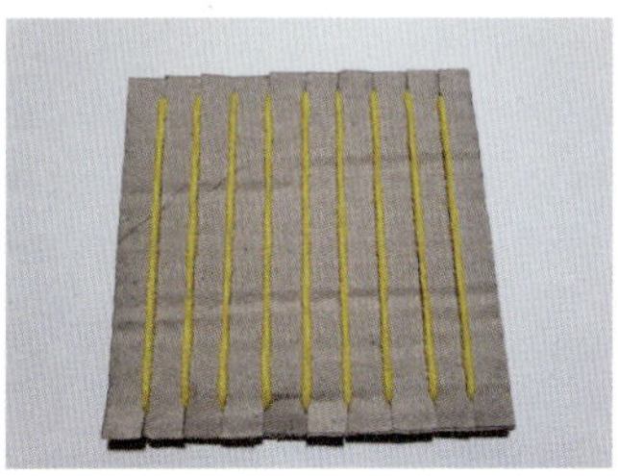

⑦ 날실을 원하는 넓이만큼 짠다.

⑧ 뒷면의 모습이다. 양 끝은 테이프로 살짝 붙여 고정시킨다.

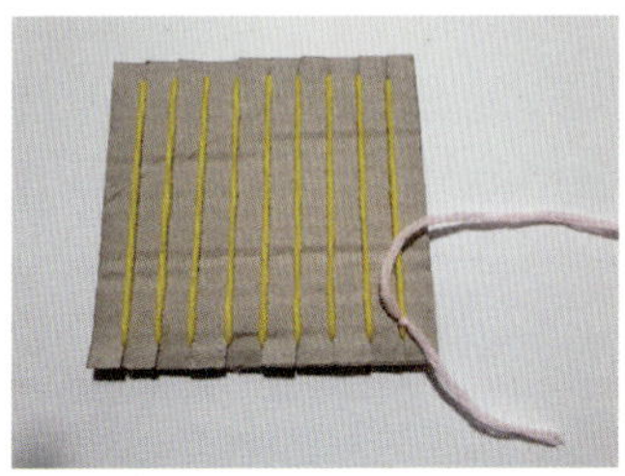

⑨ 씨실을 시작할 부분에 매듭을 묶는다.

⑩ 돗바늘에 씨실을 꿰어 사진과 같이 위아래로 번갈아가며 날실에 짠다.

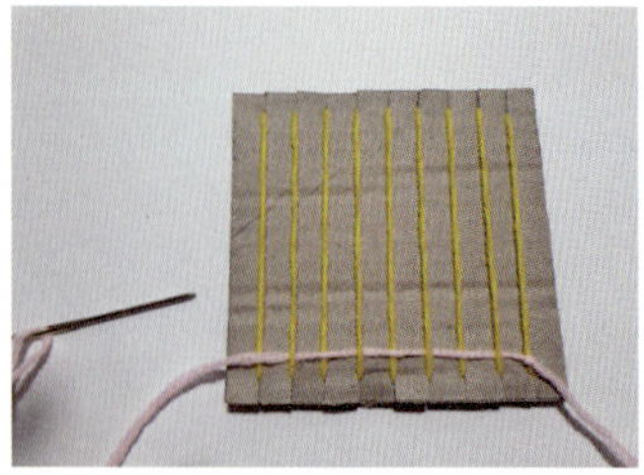

⑪ 한 줄을 짠 모습

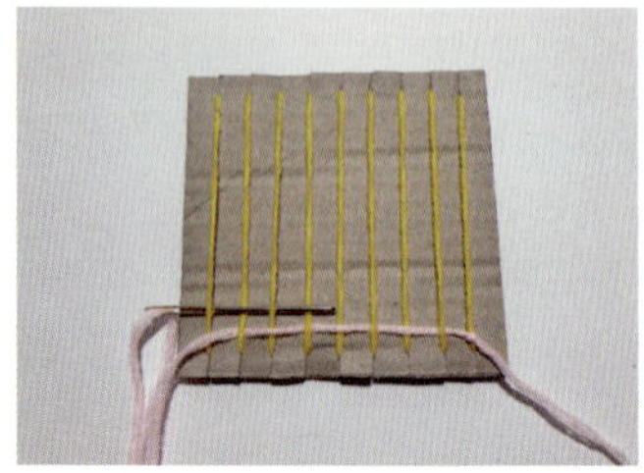

⑫ 사진과 같이 두 번째 줄은 아랫줄과 반대되는 날실에 위아래로 번갈아 가며 짠다.

⑬ 원하는 색으로 원하는 길이만큼 씨실을 짠다.

⑭ 걸었던 날실을 하나씩 조심히 뺀다.

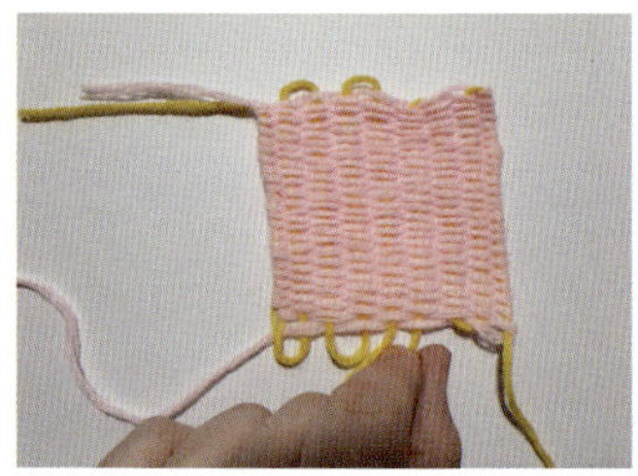

⑮ 날실을 조심히 당겨 끝을 마무리한다.

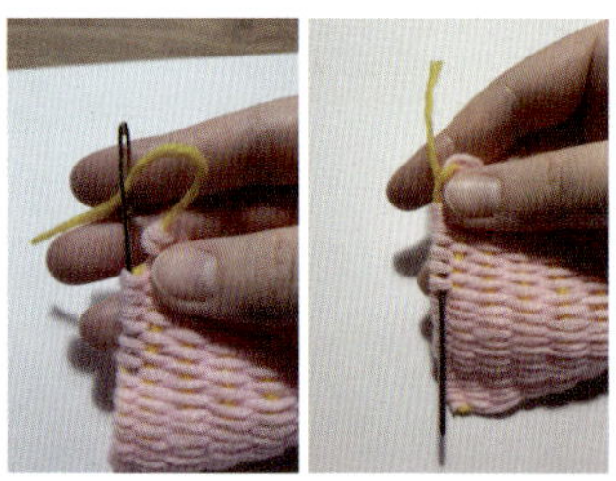

⑯ 각 실의 끝은 사진과 같이 씨실의 사이에 돗바늘로 넣어 뺀다.

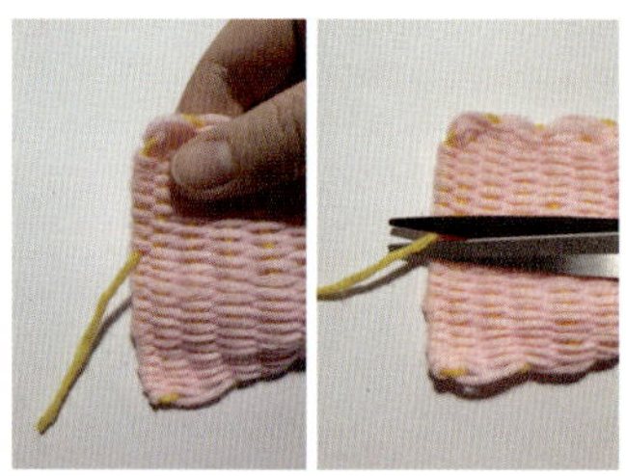

⑰ 사진과 같이 적당한 길이에서 잘라 마무리한다.

⑱ 사진과 같이 기본 직조 짜기 방법으로 컵받침을 만들 수 있다.

산책가방 만들기

이렇게 진행해요

① 원하는 색으로 원하는 길이만큼 직조를 짠다(이때 반을 접어 가방을 만들 예정이므로 만들고자 하는 가방의 크기 2배의 길이로 짜면 된다).

② 반을 접어 양쪽 끝은 돗바늘로 감침질을 해주어 연결한다.

③ 원하는 가방 길이만큼 끈을 땋아 가방에 연결하면 완성된다.

이렇게 활용해요

- 종이로 하는 직조와 연계하여 해볼 수 있다.
- 컵받침을 만들어 소꿉놀이에 활용하거나, 일상에서 사용할 수 있다.
- 산책가방이나 필통을 만들어 산책 시 물통이나 작은 소지품을 넣을 수 있고, 색연필이나 사인펜을 보관할 수도 있다.

사례 5 유아기 손끝놀이 사랑이 초등학생까지 이어지다

영유아기 때 손끝놀이를 많이 해본 경험은 커가는 동안 이어질까요?

여기 4살부터 7살까지 생태유아교육기관을 다닌 초등학생 6학년 어린이의 사례를 소개하고자 합니다. 아이는 바느질 자수를 즐기다가 대바느질, 코바느질까지 관심을 넓혀갑니다.

엄마와 인터뷰한 내용을 통해 아이의 손끝놀이 솜씨를 들여다볼까요?

아이가 언제부터 바느질, 뜨개질하는 걸 좋아했나요?

어린이집 다닐 때부터 좋아했던 거 같아요. 아이가 다닌 어린이집은 손끝놀이 활동을 많이 하는 곳이었거든요. 일곱 살 때 목도리를 6개 정도 떠왔던 기억이 나네요. 처음 떠왔을 때 너무 신기해서 칭찬을 많이 해주었어요. 엄마 선물이라고 해서 뭉클했지요. 아빠도 갖고 싶다고 하니 아빠에게도 떠주었고, 언니와 할아버지에게도 떠주었어요.

어린이집을 졸업하고 초등학생이 되고는 기회가 없으니까 바느질이나 뜨개질을 하지는 않았어요. 그래도 초등학생 저학년 때 옷에 단추가 헐거워지면 자기가 직접 달고 싶어 했고, 옷에 실밥이 터진 부분을 제가 깁고 있으면 "엄마, 내가 해줄까?" 하면서 관심을 보이곤 했어요.

초등학생 때 다시 바느질에 관심을 가지기 시작한 계기가 있었나요?

초등학교 3, 4학년 때였던 거 같은데, 잡화물을 파는 가게에 갔다가 자수 패키지를 발견하고부터인 것 같아요. "엄마, 나 이거 사줄 수 있어? 이런 거 해보고 싶었어." 하던 게 생각나네요. 수틀까지 포함된 자수 패키지를 몇 개 사오더니 시간 가는지 모르고 하더군요. 특히 방학 때는 여러 개를 해서 자율 숙제로 내기도 했어요. 엄마인 제 입장에서는 핸드폰을 하지 않고 자수에 집중하는 모습이 너무 신통하고 예뻤어요. 점점 솜씨가 좋아지고 자신감이 생긴 다음에는 좀 더 복잡한 기법이 있는 걸로 해보고 싶다고 하더라구요. 그래서 여러 개 인터넷으로 주문해 주기도 했어요.

뜨개질은 어떻게 다시 시작하게 되었나요?

5학년 때 아이랑 같이 집 정리를 하다가 제가 쓰던 대바늘, 돗바늘, 코바늘을 발견했어요. 저도 잘 하지는 못하지만 아이들이 어릴 때는 가끔 했거든요. "엄마, 나도 대바늘로 뭐 떠보고 싶어." 하더군요. 가르쳐 주려고 했는데, 저도 한 지 오래 되어서 잘 모르겠더군요. 그래서 외할머니 찬스를 쓰기로 했어요. 외할머니께 몇 번 묻더니 아이는 곧 대바늘뜨기를 해내더군요. 그때는 시간이 없어서 많이 하지는 못했어요. 그러다가 6학년이 되고 코로나19로 시간이 많아지자, 어느 날 다시 대바늘을 잡기 시작했어요. 인터넷으로 목도리, 귀도리 뜨는 법을 검색하면서 혼자서도 여러 소품을 만들더군요.

참, 목도리를 뜨다 보니 뒤늦게 몇 코를 놓친 걸 발견하고 고민을 많이 한 적이 있었어요. 결국 외할머니를 초빙하고 온 가족이 머리를 맞대서 놓친 코를 이어간 기억이 나네요. 짧은 목도리, 귀도리는 여러 개 뜬 거 같고, 친구 생일선물로 목도리를 떠준 적도 있어요. 아빠 크리스마스 선물로, 2m짜리 긴 목도리를 대단한 집중력으로 완성해 내기도 했어요. 평소 코바늘로 수세미를 떠주는 외할머니를 보고 자기도 할 수 있다며 동영상을 보고 코바늘로 수세미를 뚝딱 떠주기도 하는 딸입니다. 그 솜씨에 절로 감탄사가 나올 수밖에 없었답니다.

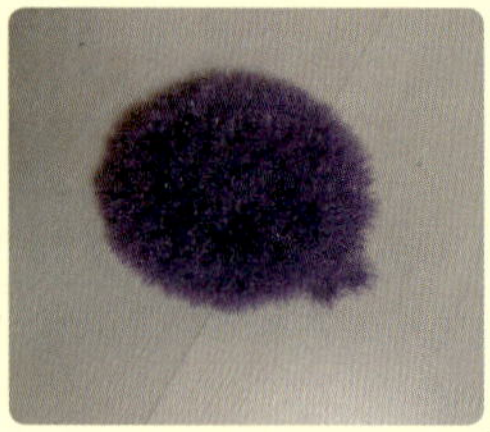

사진을 보니 정말 많은 걸 만들었던데, 모두 스스로 시작한 건가요? 그리고 특별히 기억에 남는 일이 있을까요?

네, 당연히 모두 스스로 한 거지요. 숙제도 아니고 성적에 들어가는 것도 아닌데 하라고 할 필요도 이유도 없겠지요. 저도 신기해서 재밌냐고, 힘들지 않냐고 물어본 적이 있어요. 그랬더니 "내 손으로 뭘 만드는 게 좋아. 이런 건 일상생활에 쓸 수 있잖아. 그래서 하고 나면 뿌듯해."라고 하더군요. 초등학교 6학년 실과 책에 자수와 대바늘뜨기가 나오나 봐요. 친구들이 잘 못해서 자기가 많이 도와주었다고 기뻐한 기억이 나네요. 주변에서 잘한다고 신기해하고 부러워하고 칭찬도 해주니까 더 신나서 하는 거 같아요.

가장 기억에 남는 건 퇴근하고 왔더니 예쁘게 자수를 한 마스크를 선물로 준 때였어요. 너무 예뻐서 어떻게 엄마 마스크에 자수를 떠줄 생각을 했냐고 하니까, 심심해서 해봤다더군요. 코로나19로 학교에 등교하지 않고 비대면으로 수업을 하다 보니 집에 있는 시간이 많아졌는데, 이럴 때 바느질, 뜨개질 같은 걸 할 수 있는 게 참 좋은 거 같아요. 아이는 맘에 들면 다른 마스크에도 해주겠다네요. 엄마가 기뻐할 일을 한 게 내심 뿌듯한 모양입니다. 스스로 자기 손으로 만들어 내는 일의 가치와 소중함을 알아가는 아이가 고맙고 대견합니다.

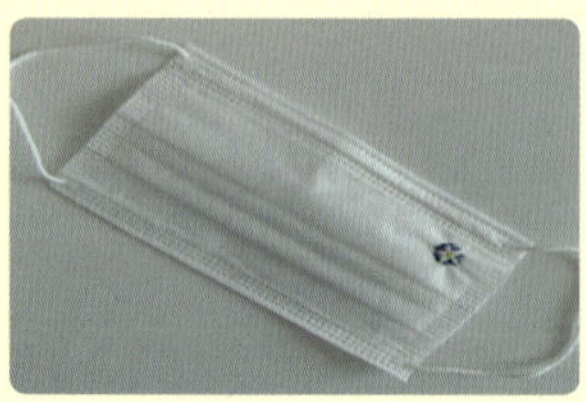

25 대바느질로 만들기

뜨개질과 바느질로 만드는 경험은 집중력 강화는 물론 심리적 안정을 주는 좋은 활동이라 흔히 태교나 취미로 많이 하고 있습니다. 그중 대바늘뜨기는 아이들이 하기에 쉬운 활동은 아니지만 손가락 뜨기, 상자곽으로 뜨기 등으로 뜨개질을 즐기며 흥미로워하는 아이들이 천천히 연습한다면 충분히 할 수 있습니다.

이럴 때 시작해요

- 아이들이 뜨개질에 관심을 가질 때, 대바느질로 만들기를 준비한다.
- 뜨개질로 만들어진 생활소품(겨울 모자, 목도리 등)을 쓰고 왔을 때, 직접 만들어 볼 수 있는 방법을 안내하며 계획한다.

이렇게 준비해요

대바늘[굵기는 중간 이상(4~6호 정도)의 것이 적절], 다양한 뜨개실(털이 많이 있거나 너무 얇거나 쉽게 엉키는 실은 삼가고 부드럽고 밝은색의 실을 선택하는 것이 좋음. 그라데이션 털실도 좋음), 돗바늘(마무리용), 가위

겉뜨기

이렇게 진행해요

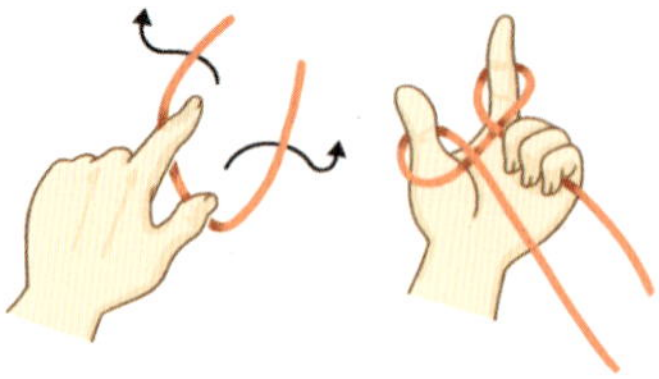

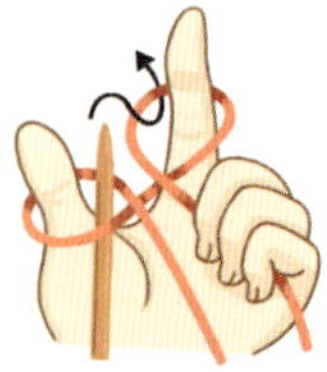

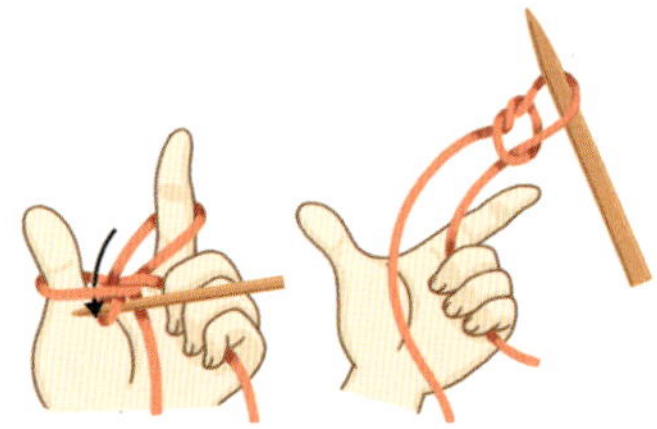

① 겉뜨기를 하려면 먼저 원하는 길이만큼 코를 만들어야 한다. 그림과 같이 왼손의 검지와 엄지에 실을 걸어 준다.

② 오른손으로 대바늘을 쥐고 왼쪽 엄지 쪽 고리에 끼워서 화살표를 따라 왼손 검지 쪽 고리에도 끼운다.

③ 화살표를 따라 처음 바늘을 끼웠던 구멍으로 바늘을 다시 빼내면서 왼손 실을 다 빼서 잡아 당긴다.

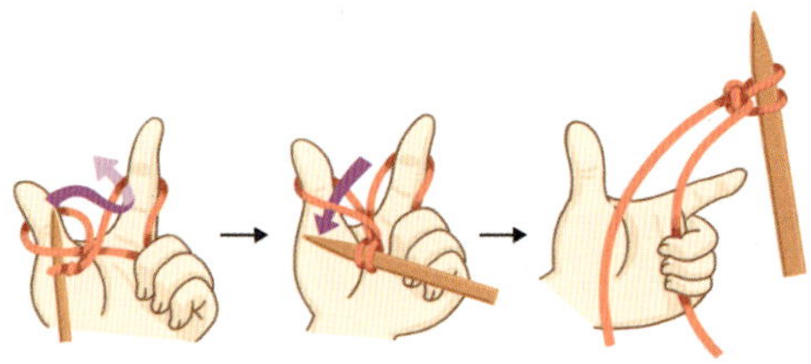

④ 왼손의 엄지와 검지로 그림과 같이 화살표 방향으로 끼워 벌려주면서 바늘을 앞으로 내린다.

⑤ 같은 방법으로 왼손의 엄지와 검지에 감긴 실을 차례로 걸어 그림과 같이 사이 구멍으로 빼낸다. 한 코 완성. 원하는 길이가 되도록 반복한다.

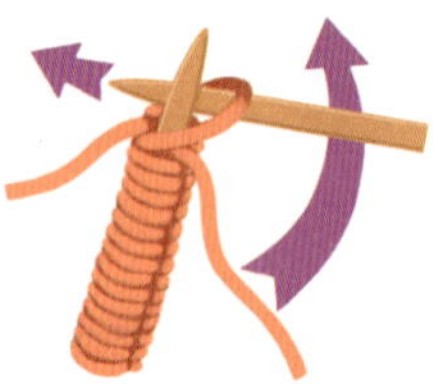

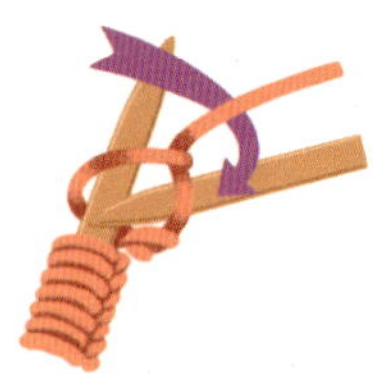

⑥ 원하는 길이만큼 코를 만들고 나면 코가 만들어진 바늘은 왼손에 쥐고, 오른손으로 다른 쪽의 바늘을 쥔다. 오른손의 바늘로 왼손 바늘에 있는 코 하나를 그림과 같이 바깥 방향으로 걸어준다.

⑦ 화살표 방향으로 실을 감은 뒤

⑧ 감은 실이 그림과 같이 나오도록 바늘을 벌려 빼낸다. 이때 코는 밖에서부터 안으로 빠진다. 이를 반복하면 겉뜨기이다.

안뜨기

이렇게 진행해요

① 안뜨기를 하려면 먼저 원하는 길이만큼 코를 만든다. 코가 만들어진 바늘은 왼손에 쥐고, 오른손으로 다른 쪽의 바늘을 쥔다. 오른손의 바늘로 왼손 바늘에 있는 코 하나를 그림과 같이 안쪽 방향으로 걸어준다.

② 화살표 방향으로 실을 감은 뒤

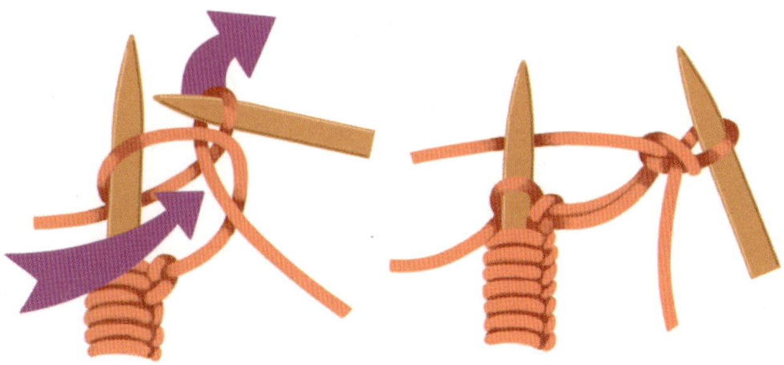

③ 감은 실이 그림과 같이 나오도록 바늘을 벌려 빼낸다. 이때 코는 안에서부터 밖으로 빠진다. 이를 반복하면 안뜨기이다.

코 마무리뜨기

이렇게 진행해요

(※ 코 마무리 뜨기는 아이가 혼자서 하기에 어려움이 있으므로 성인의 도움이 필요하다)

① 코가 있는 바늘은 왼손에 쥐고, 오른손으로 다른 쪽의 바늘을 쥔다. 오른손의 바늘로 왼손 바늘에 있는 코 두 개를 그림과 같이 안쪽 방향으로 끼워서 옮겨 온다.

② 오른손 바늘의 코 중 두 번째 코에 왼손 바늘을 끼우고 그림과 같이 코의 구멍을 조금 벌려 아직 걸려 있는 첫 번째 코를 그 구멍으로 빼낸다.

③ 그림과 같이 오른손 바늘로 왼손 바늘의 코 하나를 다시 안쪽 방향으로 끼워서 코를 옮겨 온다.

④ ②~③을 반복하여 한 코씩 줄여 나간다. 이때 맨 마지막에 남은 코는 여분의 실을 그 코에 끼워 당겨서 마무리하면 된다.

알아두면 좋을 TIP

대바늘뜨기의 과정을 즐기도록 격려해 주세요!

아이들과 대바늘뜨기를 해보면 코를 잘 빠뜨리는 경우가 생깁니다. 한 코씩 떠야 하는데 두 코씩 걸어서 뜨거나 아니면 실을 걸어 빼어내는 과정에서 코를 놓치고 그냥 뜨기도 하지요. 어른처럼 일정한 힘으로 짜는 것이 어려워 모양이 일정하지 않고 울퉁불퉁해지기도 합니다. 그러므로 아이가 대바늘뜨기를 할 때는 수시로 중간 점검을 해보고 도움을 주어야 합니다. 아이가 모양을 보고 실망하거나 자꾸 코를 놓쳐 뜨개질에 대한 흥미를 잃게 될 수 있으므로 도움을 주며 격려해 주되, 반드시 모양이 일정하지 않아도 됨을 알려주며 대바늘뜨기의 과정을 즐길 수 있도록 관심을 가져주세요.

팔찌 만들기

이렇게 진행해요

① 아이의 팔목을 감쌀 수 있는 정도의 길이로 코를 만든다.

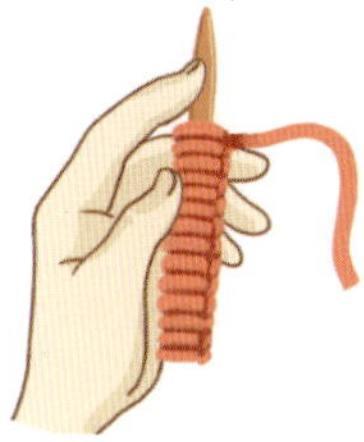

② 만든 코가 있는 바늘을 그림과 같이 왼손에 잡는다.

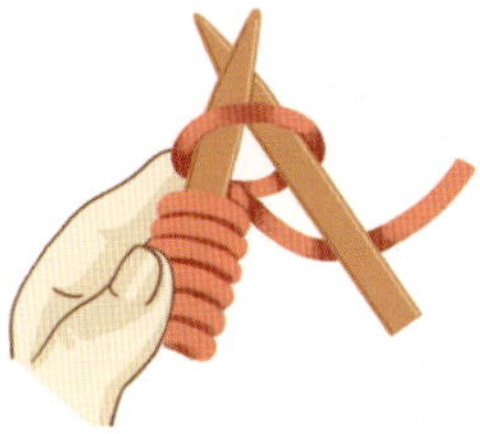

③ 오른손으로 다른 쪽의 바늘을 쥐고, 첫 번째 코에 그림과 같이 꽂는다.

④ 꽂은 바늘에 그림처럼 실을 한 번 감는다.

⑤ 오른손 바늘을 바깥쪽으로 벌리면서 감긴 실을 그림처럼 코 사이로 빼낸다(순서는 꽂기-감기-빼내기).

⑥ 같은 방법으로 한 코씩 반복해서 뜬다. 원하는 크기의 팔찌 폭만큼 뜬 뒤, 코 마무리를 한다.

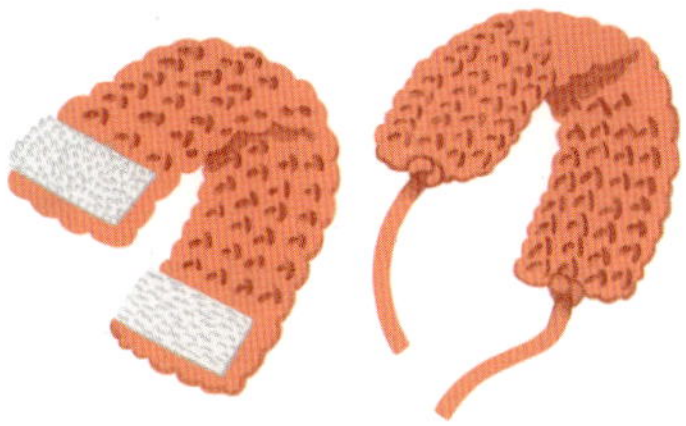

⑦ 그림과 같이 찍찍이를 양 끝에 붙여주거나, 코바늘로 한줄 뜨기를 하여 줄을 달아주면 팔찌가 완성된다.

머리끈 만들기

이렇게 진행해요

① 30개 정도의 코를 만들어 겉뜨기만 하여 직사각형의 형태로 한다(원하는 크기대로 만들면 된다).

② 10개 정도의 코를 만든 뒤 안뜨기만 하여 코마무리를 한다(①의 크기에 비례하여 중간에 쓸 만큼 긴 줄을 만든다).

③ 완성된 ①의 중간을 살짝 모은 뒤 ②에서 만든 것으로 감는다(두께가 있는 실이라면 그대로 감아쓸 수도 있다).

④ ②의 뒷면에 머리 고무줄을 끼우고 돗바늘이나 바늘로 꿰맨다.

- ①을 길게 짜서 양 끝에 고무줄을 달아 머리띠를 만들어 볼 수 있다.
- 머리 고무줄 대신 옷핀을 달아 옷 장식으로 사용해도 좋다.
- 리본을 작게 만들고 머리 고무줄 대신 똑딱 핀을 고정하여 머리핀으로 사용할 수 있다.

지갑 만들기

이렇게 진행해요

① 폭이 약 11~12cm가 될 수 있도록 코를 만들고, 팔찌 만들기처럼 기본뜨기(겉뜨기 또는 안뜨기)를 반복하여 긴 직사각형 모양을 만들어 끝부분을 마무리한다.

② 짜여진 직사각형의 1/3 정도를 접어 올린 뒤, 양 가장자리를 돗바늘이나 바늘에 실을 끼워 감침질로 꿰맨다.

③ ②의 *부분에 단추를 달아주고, 덮는 부분에 단춧구멍을 만들거나 실로 고리를 만들어 달아놓은 단추에 걸 수 있도록 한다(이때는 아이가 하기 어려우므로 성인이 도움을 준다). 아래의 사진처럼 뜨개질로 끈을 길게 짜서 달면 작은 가방으로 만들 수도 있다.

목도리 만들기

이렇게 진행해요

① 시작은 지갑 만들기의 방법과 같되, 원하는 폭과 길이가 될 때까지 코를 만들고 기본 뜨기를 계속한다. 목도리 뜨기는 오랫동안 떠야 하므로 아이가 중간에 코를 빠뜨리거나 두 코씩 걸어서 뜨지 않도록 수시로 중간 점검을 해준다.

② 원하는 길이가 되면 끝부분을 마무리한다. 이때 양 끝에 술이나 방울을 만들어 달거나, 목도리의 양 끝을 돗바늘로 마주 이어 넥워머 형태로 만들어 줄 수 있다.

이렇게 활용해요

- 대바느질로 만든 팔찌, 머리끈, 지갑, 목도리를 쓰임에 맞게 적절하게 착용한다.
- 지갑의 경우 크기를 달리하여 필통이나 산책가방 등으로 만들어 활용할 수 있다.

부록 4 엄마, 아빠, 선생님을 위한 손끝놀이 ● 코바늘로 수세미 만들기

대바늘뜨기에 어느 정도 익숙해졌다면 코바늘뜨기도 시도해 볼까요? 코바느질은 유아들이 하기는 어렵지만, 뜨개질에 흥미가 있는 어른이라면 도전해 볼 만하답니다. 코바늘로는 수세미, 목욕장갑, 비누받침, 컵받침, 식탁 테이블보 등 실생활에 사용할 수 있는 다양한 소품들을 만들기 좋습니다. 특히 수세미는 비교적 간단하게 금방 만들 수 있어서 활용도가 높습니다. 아이들이 여러분이 수세미를 뜨는 모습을 보거나 직접 만든 수세미로 설거지를 하는 모습을 본다면 뭐라고 이야기할까요? 아이들의 신기한 눈빛을 상상하며 다양한 수세미 뜨기에 도전해 보도록 합시다. 아래 소개하는 방법 외에 더 자세한 방법을 알고 싶다면, 인터넷으로 수세미 뜨는 방법을 찾아보세요. 동영상으로 친절하게 소개하는 영상들이 많이 나와있답니다.

이렇게 준비해요

수세미 실(아크릴 날개실), 코바늘(3~5mm), 돗바늘, 가위

이렇게 진행해요

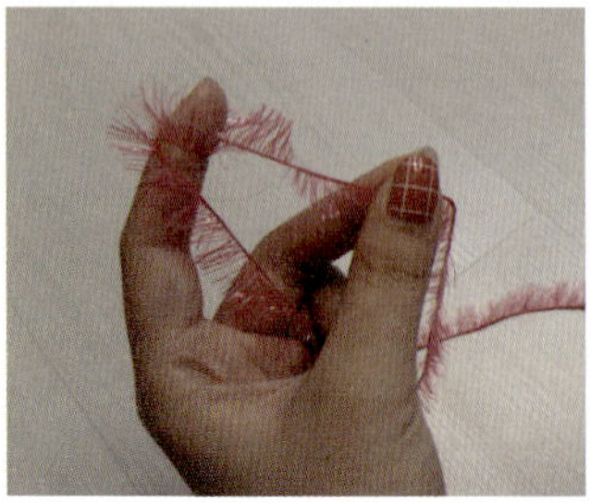

① 집게손가락에 실을 두 번 감는다.

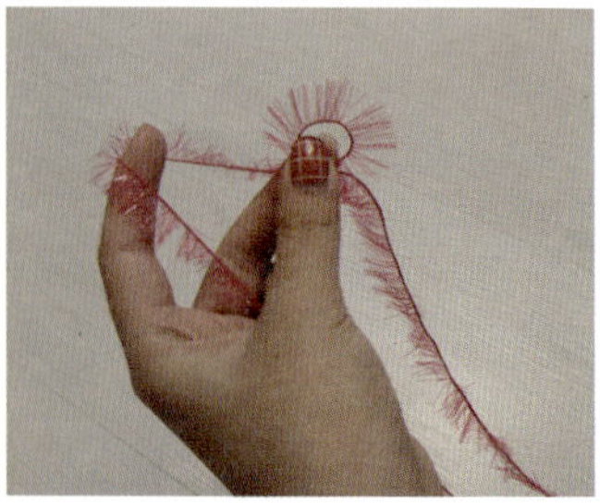

② 집게손가락에 감았던 고리를 중지에 옮겨 놓는다.

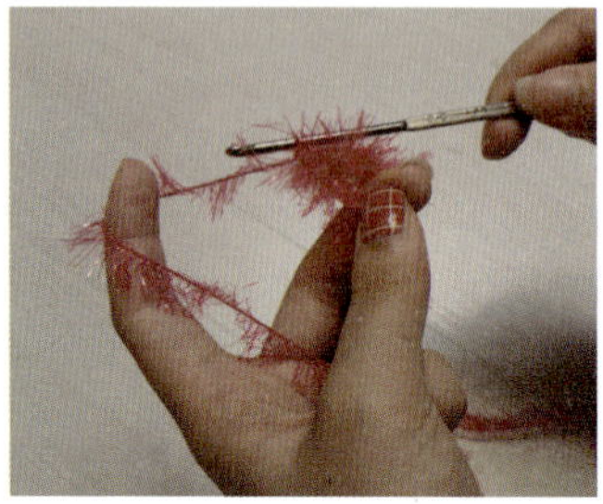

③ 고리에 사슬뜨기★를 3코 뜨고, 한 길 긴뜨기★를 한다.

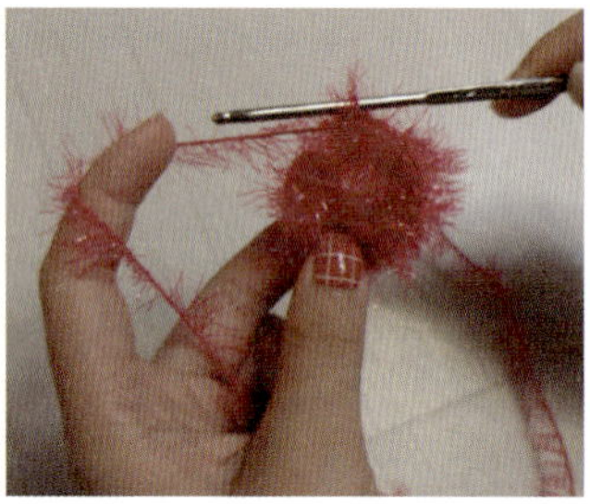

④ 한 길 긴뜨기를 19번 반복하여 원형 모양으로 한 단을 만든다.

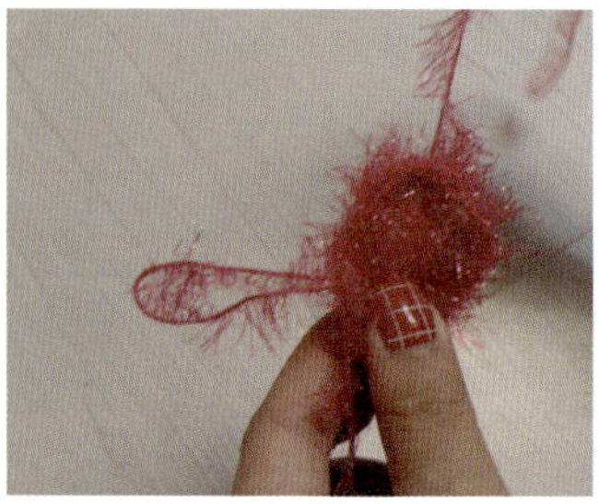

⑤ 한 단을 만든 후, 잘라진 실을 중간의 빈틈이 없을 때까지 잡아당겨 준다.

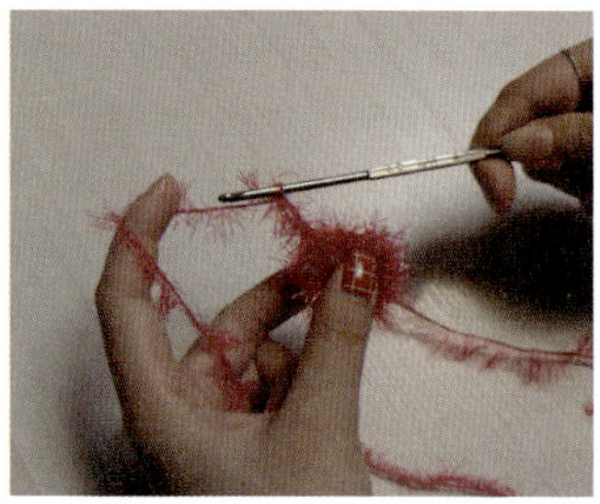

⑥ 다시 한 단을 시작하기 위해 사슬뜨기 3코를 뜬다.

⑦ 사슬뜨기에 이어 한 길 긴뜨기를 한 후, 사슬뜨기에 걸어 빼뜨기★를 한다.

⑧ ⑥,⑦을 반복하며 원하는 크기가 나올 때까지 단을 이어 만들어 간다.

⑨ 고리를 만든 후, 남은 실은 돗바늘을 이용하여 마무리를 해주면 완성이다.

★ 사슬뜨기(코바늘의 기본 뜨기)

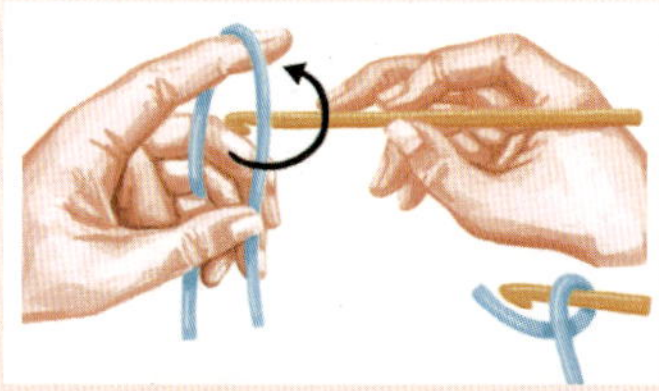

① 코바늘에 실을 둥글게 휘감는다.

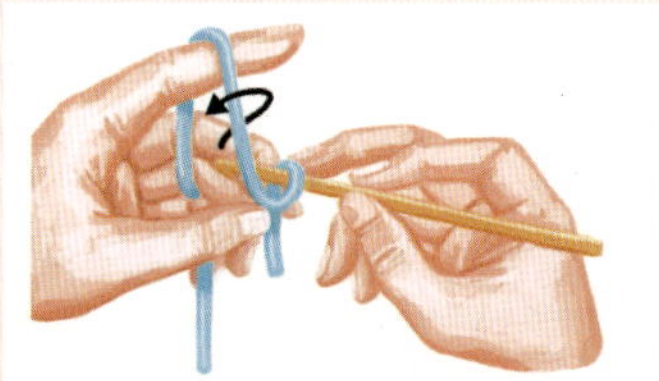

② 코바늘에 실을 건다.

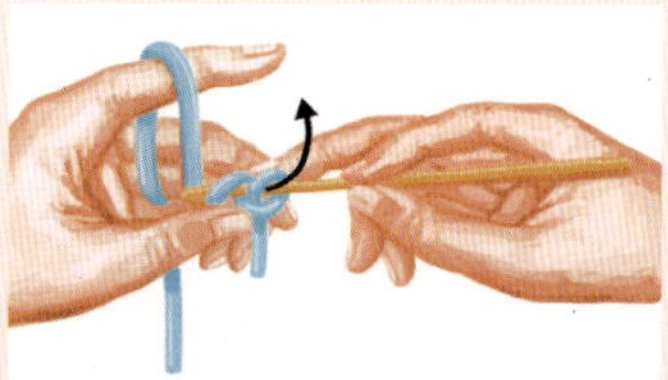

③ 걸은 실을 둥근 코 사이로 뺀다.

④ 실을 당겨 조인다.

⑤ ②~④를 반복한다.

★ 한 길 긴뜨기

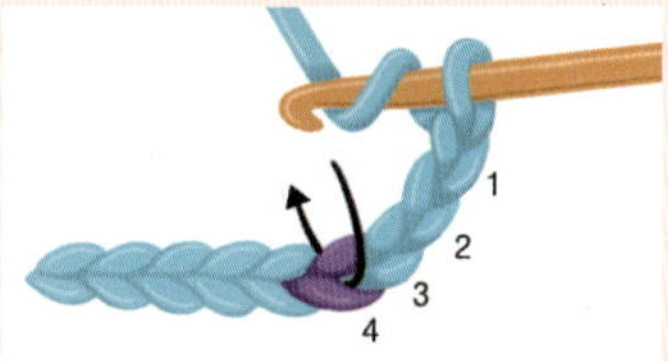

① 먼저 원하는 길이만큼 사슬뜨기를 한다. 그리고 그림과 같이 바늘에 실을 건 다음 앞의 4번 코에 화살표 방향으로 바늘을 넣는다(1~3번 코는 기둥코가 된다).

② 그림과 같이 코 사이로 걸은 실을 뺀다.

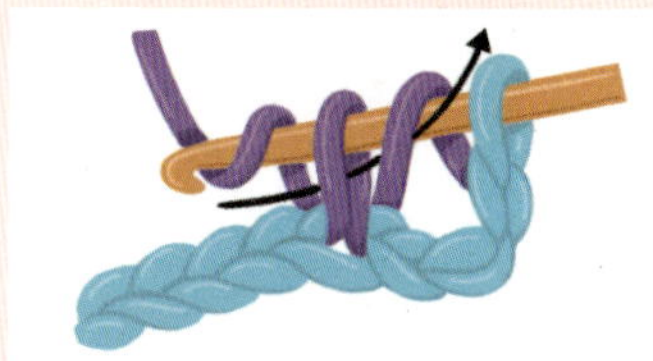

③ 화살표처럼 바늘에 실을 걸고 고리 두 개 안으로 빼낸다.

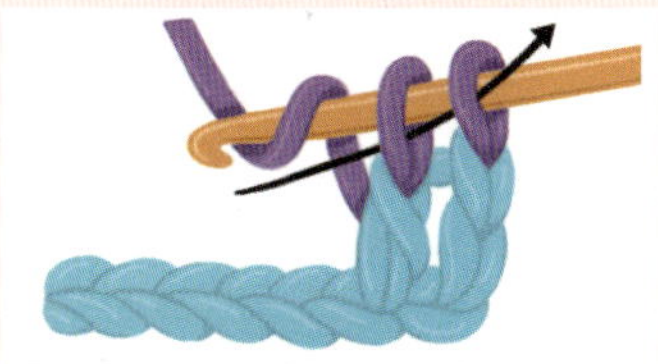

④ 한 번 더 바늘에 실을 건 다음에 남은 고리 두 개 안으로 화살표처럼 빼낸다.

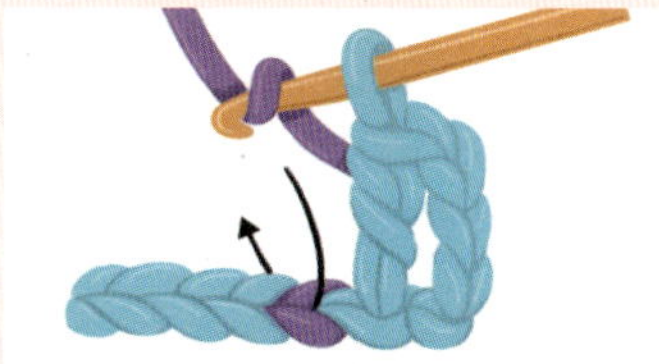

⑤ 4번의 다음 코에 그림과 같이 바늘에 실을 건 다음 화살표 방향으로 바늘을 넣는다.

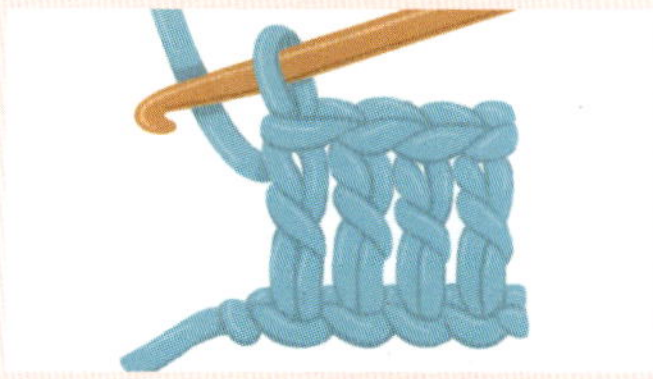

⑥ 계속 반복하면 한 길 긴뜨기가 완성된다.

★ 빼뜨기(코 마무리 뜨기)

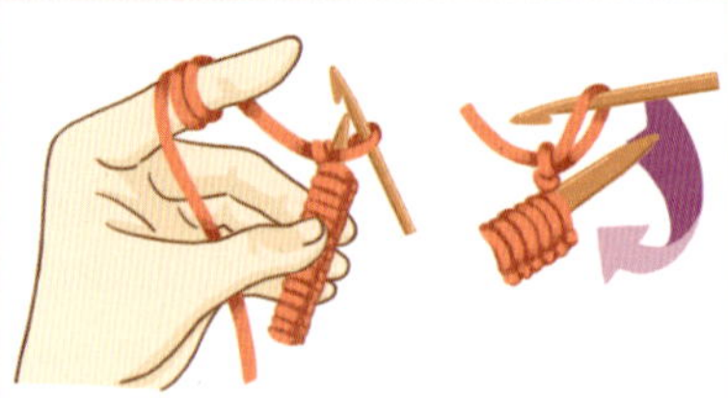

① 왼손 검지에 실을 두세 번 감고 코바늘에 한 코를 걸어 뺀 뒤 연결된 실로 그림과 같이 한 번 감아 뜬다.

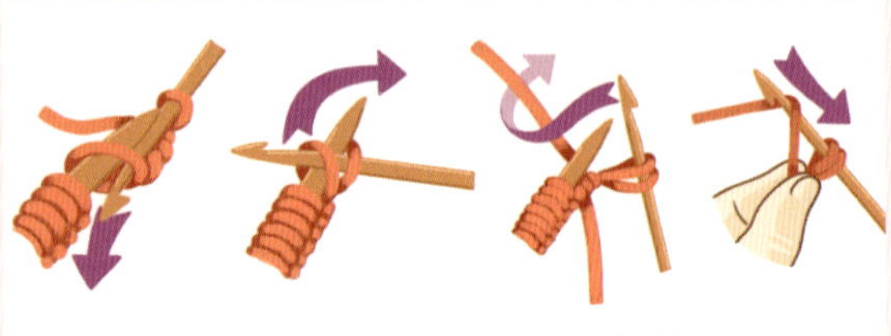

② 다시 한 코를 걸어서 뺀 뒤 두 개의 코를 화살표 방향으로 함께 감아 뜬다.

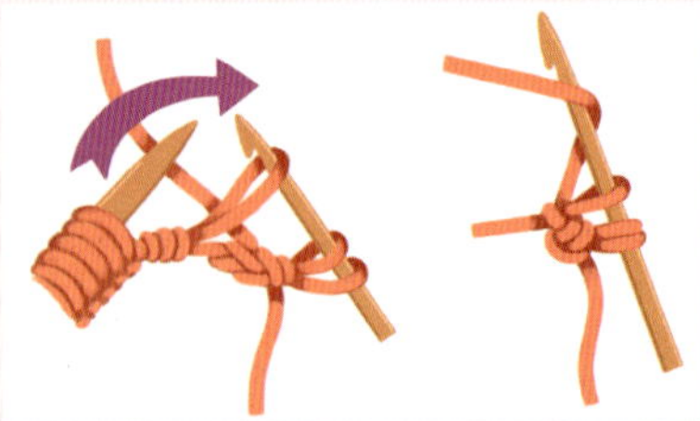

③ 같은 방법으로 한 코씩 걸어서 뺀 뒤 감아 뜨기를 반복하면 된다.

④ 마지막 코는 감아 뜨기를 한 뒤 그림처럼 실을 잘라서 빼내어 마무리하면 된다.

사례 6 수공예품 만들기를 즐기는 유아교사 이야기

평소에 바느질, 뜨개질 등 손으로 만드는 걸 너무 좋아하는 이라희(유치원 교사경력 11년차) 선생님을 만나서 여러 가지 이야기를 나누어 보았답니다.

그 이야기 속으로 함께 들어가 보실까요?

뜨개질, 바느질 등을 자주 하는 이유가 있나요?

저는 수공예에 대한 관심이 많아 뜨개, 미싱, 테디베어 만들기 등 다양한 취미를 가지고 있어요. 기성품을 사면 간편할 수 있지만 딱 내가 원하는 건 아니니까요. 내가 직접 만들면 내가 원하는 모양과 색으로 만들 수 있다는 것이 가장 큰 매력이에요. 더불어 수작업으로 만든 작품은 단편적으로 보이는 디자인뿐 아니라 그 사람의 시간, 정성, 마음이 담겨있는 것 같아요. 한마디로 내가 만드는 세상에 하나밖에 없는 명품인 거지요. ^^

이러한 경험이 유아교사 생활하는 데 어떤 의미가 있나요?

다양한 질감의 털실이나 천과 같은 매체에 대한 경험은 유아들과 활동을 할 때 자연스럽게 활용되는 부분이 있어요. 환경 구성할 때 조금 더 다양한 매체를 제공해줄 수 있고 유아들이 아이디어를 떠올렸을 때 적절한 매체를 슬쩍 소개해 주기도 한답니다. 물론 매체의 선택은 유아들의 몫이지만 서로 아이디어를 공유할 수 있는 부분은 참 좋은 것 같아요.

유치원 선생님들 중에 저와 같이 손으로 만드는 것에 관심을 가진 선생님들이 많더라고요. 유치원 선생님들은 모두 다재다능한 거 같아요. 감사하게도 유치원에서 재료비를 지원해 주셔서 관심을 가진 선생님들과 소그룹 모임을 가지며 재능 기부의 형식으로 친목을 도모한 적도 있었어요. 그때 내가 평소 해오던 게 이렇게도 쓰일 수 있구나 하고 뿌듯한 기분이 들었어요. 그래서 개인 블로그에 직접 만든 작품도 올리기 시작했는데, 동료 선생님들이 많은 관심을 보여주어서 더 큰 보람을 느끼기도 했지요.

교사 생활을 하면서 하는 손끝놀이가 아이들에게는 어떤 영향을 주는 것 같나요?

내가 생각한 것들이 그대로 내 손끝에서 표현된다는 것은 유아들에게 다양한 아이디어를 떠올리게 하여 창의력을 발달시켜 주는 것 같아요. 완성된 작품을 보았을 때 성취감을 느끼고 다른 사람에게 소개하며 자아존중감, 사회성 발달에도 영향을 주는 것 같기도 해요.

제가 예쁘게 완성한 것을 보면서 똑같이 하고 싶어 하는 유아들이 있어요. 그래서 비슷하게라도 만들어지면 "이렇게요?" 하고 물으며 즐거워하고, 힘들면 "못하겠어요."라고 하며 더 크면 해보겠다고 하기도 해요. 아이들이 하기 어려운 거는 정형화된 방법도 좋지만 다른 방법으로 표현할 수 있는 방법은 없을까 하고 고민을 하기도 해요. 유아들의 자율성을 높이고, 창의적 표현을 위한 개별적인 지원방안은 없을까 하고 고민해 보는 게 아이들과 손끝놀이를 할 때 저의 과제인 것 같아요.

이상 이라희 선생님과의 인터뷰였습니다. 이야기를 나누는 동안, 손으로 만드는 것의 즐거움을 제대로 느낄 수 있었답니다. 좋은 말씀과 함께 선생님의 개인 블로그에 소개된 작품들도 소개할 수 있도록 허락해 주심에 감사드립니다.

Chapter

6

자연물로 하는 손끝놀이

26 점토놀이

조물조물 점토놀이는 점토를 떼어보고 빙글빙글 손바닥으로 돌리기도 하고, 여러 모양으로 만들어 보며 아이 손의 촉감을 자극하고 손의 힘도 기를 수 있는 놀이입니다. 다양한 재질의 점토를 활용할 수도 있고, 흙놀이도 가능하니 일상에서 자주 활용할 수 있는 손끝놀이라 할 수 있지요.

모래놀이

이럴 때 시작해요

- 아이들과 바깥놀이를 할 때, 모래와 흙이 있는 곳에서 놀이를 할 수 있다.
- 모래와 흙이 있는 산책지에서 시작해 볼 수 있다.

이렇게 준비해요

모래, 물, 안 쓰는 냄비·그릇·숟가락 등

이렇게 진행해요

① 모래가 있는 놀이터로 나가 모래놀이를 하도록 한다. 모래의 질감을 느껴보도록 한다.

② 모양을 만들고 싶어 한다면, 물을 조금 부어주어 점성이 생기도록 해준다. 모래를 아래까지 계속 파서 진흙이 나오도록 할 수도 있다.

③ 안 쓰는 숟가락으로 모래를 파도록 하고, 냄비 등에 모래를 담고 엎어서 여러 모양을 만들 수 있다. 체에 모래를 올린 후 걸러보도록 할 수도 있다.

이렇게 활용해요

• 진흙과 EM용액을 이용하여 점성이 강한 점토를 만들어 EM흙공을 만들 수 있다. EM흙공은 하천에 가서 던져주면 하천을 깨끗하게 만들어 줄 수 있다.

알아두면 좋을 TIP

색 모래 그림 그리기

재활용 통에 모래를 반만 담은 후, 입구에 가는 체를 올려둡니다. 그리고 파스텔을 체에 걸러주면 파스텔 가루가 모래에 떨어집니다. 파스텔 가루를 충분히 넣은 후 통을 닫고 흔들어주면 색 모래가 완성됩니다. 색 모래를 들고 아이들과 밖으로 나갑니다. 준비한 종이에 아이들이 원하는 모양으로 물풀을 칠하도록 합니다. 그리고 그 위에 색 모래를 뿌려줍니다. 풀이 마르도록 잠시 둔 후 종이를 들어서 풀이 묻지 않은 부분의 모래를 털어주면 풀이 묻은 부분에만 색 모래가 남아 그림이 완성됩니다.

흙점토놀이

이럴 때 시작해요

- 그릇이나, 연필꽂이 등 도자기를 구워서 만들 소품이 필요할 때 계획해 볼 수 있다.
- 유아가 완성된 형체의 조형물을 만들어 구워서 오래도록 보관할 수 있을 때 시작할 수 있다.

이렇게 준비해요

흙 점토, 조각용 도구, 물, 받침 천

이렇게 진행해요

① 받침 천을 깔아 준 후, 흙 점토를 덩어리로 떼어준다.

② 조각용 도구를 활용하여 흙 점토를 자르거나 구멍을 뚫어가며 원하는 모양을 만들도록 한다.

③ 떨어진 두 점토를 붙이고 싶다면 붙이고 싶은 면에 물을 조금 묻혀서 붙이도록 한다.

④ 다 만든 점토는 그늘에 올려두고 마르도록 한다.

⑤ 도자기로 굽고 싶은 흙은 성인이 가마에 넣어 구워준다.

이렇게 활용해요

- 아이들의 손도장을 찍어 성장과정을 볼 수 있는 손도장 판을 만들어 줄 수 있다.
- 컵이나 그릇, 종 등을 만든 후 도자기를 구워서 사용할 수 있다.

27 목공놀이

목공놀이는 전 과정이 손끝놀이가 될 수 있습니다. 나무를 골라서 톱으로 자르는 과정, 자른 나무를 사포질하는 과정, 필요에 따라 나무에 못을 박기도 하는 과정은 모두 손의 힘을 필요로 하는 일들입니다. 아이들에게는 조금 어려워 보이는 목공놀이이지만, 어릴 때부터 할 수 있는 일들을 차근차근 해나가면서 범위를 넓혀나가다 보면 어느새 아이들은 꼬마 목수가 될 수 있습니다. 아이와 함께 목공놀이로 만든 놀잇감과 소품들은 오래 사용할 수 있고 내가 직접 만들었다는 애정도 담을 수 있어 물건에 대한 아이들의 바른 인식을 형성하는 데에도 도움이 됩니다.

이럴 때 시작해요

- 필요한 물건이 있을 때, 목공을 시작할 수 있으며 아이가 할 수 있는 만큼의 분량을 제시해 준다.

이렇게 준비해요

나무, 유아용 작은 톱, 사포, 못, 유아용 작은 망치, 목공용 풀

이렇게 진행해요

① 아이와 무엇을 만들지 의논한다.

② 만들 재료에 적합한 나무를 찾아온다.

③ 나무를 필요한 모양으로 자른 후, 전면을 사포질한다.

④ 필요에 따라 나무에 못질을 한다. 망치를 사용할 때의 주의 사항을 안내한다. 그리고 원하는 곳에 못의 뾰족한 부분을 올리고 망치로 못의 넓은 윗면을 살살 두드리듯 쳐서 못이 천천히 나무에 박히도록 알려준다.

⑤ 작은 나무를 붙일 경우에는 목공용 풀을 사용하여 붙일 수도 있다.

이렇게 활용해요

- 산책 시 나무를 주운 뒤 톱질하여 미술재료, 세시잔치 재료 등으로 활용하거나 사포질한 나무에 그림을 그리고 만들기를 할 수 있다.
- 병원놀이, 소꿉놀이 등의 다양한 놀잇감을 만들어 보거나 서랍장, 책장 등의 소품을 만들어 볼 수 있다.

28 풀잎 묶기

자연을 벗 삼아 놀던 어린 시절의 기억을 떠올려 보면, 지천에 피어있는 꽃과 풀들은 최고의 놀잇감이 되었습니다. 갖가지 색깔의 꽃들과 초록빛을 머금고 있는 풀잎들은 맛있는 음식이 되기도 하고 치장할 수 있는 예쁜 꾸밀 거리들이 되기도 하였습니다. 그중에서도 산이나 풀밭, 길가에서 흔히 볼 수 있는 토끼풀과 같은 몇몇 식물들은 도심에서도 어렵지 않게 볼 수 있습니다. 정교하고 화려한 장난감은 아니지만 자연의 재료로 자연 공예품을 만들어 즐거운 시간을 보내면 어떨까요?

이럴 때 시작해요

- 꽃과 풀잎이 많은 곳으로 산책을 갔을 때 아이들과 함께 만들어 볼 수 있다.
- 아이들이 꽃과 나무에 관심을 보일 때 해볼 수 있다.
- 꽃과 풀잎을 이용한 만들기를 하고 싶어 하는 아이들을 위해 시작해 볼 수 있다.
- 자연물을 이용한 놀이로 함께 해볼 수 있다.

꽃반지, 꽃팔찌, 꽃목걸이 만들기

이렇게 준비해요

토끼풀꽃 두 송이(민들레나 다른 꽃도 가능함)

이렇게 진행해요

① 토끼풀꽃 두 송이를 따서 한 송이의 줄기를 살짝만 반으로 가른다.

② 반을 가른 줄기에 다른 한 송이를 끼운다. (반지, 팔찌는 ③으로→, 목걸이는 ⑤로 →)

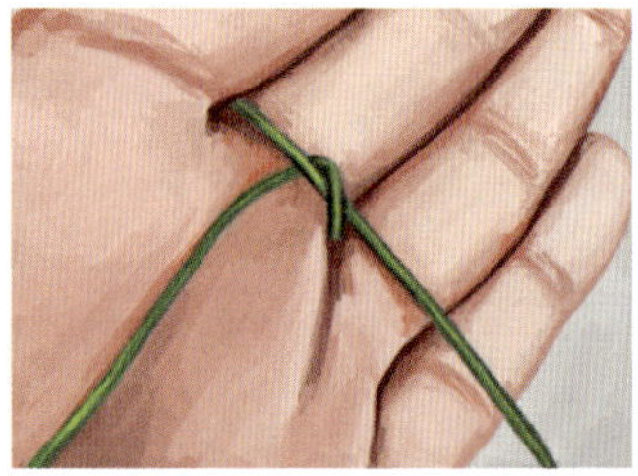

③ 두 송이를 연결한 꽃줄기를 손가락에 걸고 뒤에서 묶어 준다.

④ 묶은 뒤 긴 줄기를 적당한 길이로 잘라내면 완성된다. (손목에 걸면 팔찌가 된다)

⑤ ②와 같은 방식으로 여러 개의 꽃대를 원하는 길이만큼 잇는다.

⑥ 동그랗게 이어 마무리하면 완성된다.

꽃왕관 만들기 I

이렇게 준비해요

토끼풀꽃 여러 송이(다른 풀꽃들도 가능함)

이렇게 진행해요

① 토끼풀꽃을 길게 두 송이 준비하여 그림과 같이 엮는다.

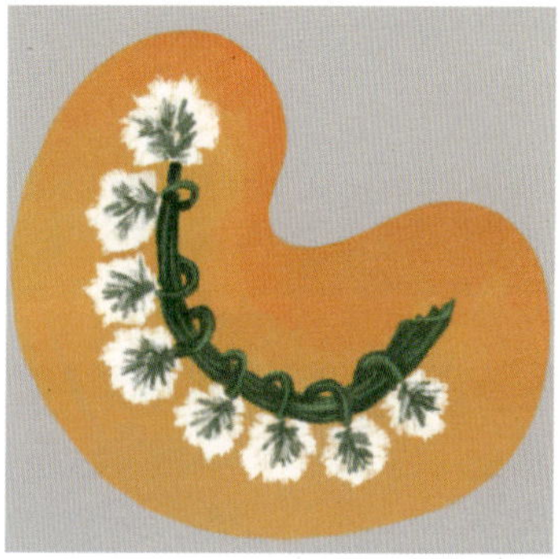

② ①과 같은 방법으로 토끼풀꽃을 계속 엮는다.

③ 적당한 길이가 되면 끝부분을 땋아서 정리한다.

④ 왕관 모양처럼 둥글게 말아 첫 번째 꽃과 끝부분을 묶어 연결하면 토끼풀꽃 왕관이 완성된다.

꽃왕관 만들기 II

이렇게 진행해요

① 토끼풀꽃을 길게 세 송이 준비하여 세 줄 땋기를 한다.

② 토끼풀꽃 한 송이를 ①의 위에 올린 뒤 다시 땋기를 한다.

③ ②의 과정을 계속 반복한다.

④ 끝부분은 줄기 부분만 길게 땋은 뒤 첫 번째 꽃과 묶어 연결하면 완성된다.

나뭇잎 왕관 만들기

이렇게 준비해요

넓적하고 두꺼운 나뭇잎과 가는 나뭇가지 여러 장

이렇게 진행해요

① 나뭇잎을 두 장 겹친 후 겹친 부분에 나뭇가지를 끼워 고정시킨다.

② 다른 나뭇잎도 ①과 같은 방법으로 엮고 머리 둘레에 맞춰 왕관을 만들면 완성이다.

이렇게 활용해요

- 꽃과 나뭇잎으로 만든 반지, 팔찌, 왕관을 이용하여 공주놀이, 왕자놀이, 요정놀이 등 다양한 역할놀이를 즐길 수 있다.
- 꽃 왕관, 나뭇잎 왕관으로 생일왕관을 만들어 생일잔치를 할 수 있다.
- 작은 나뭇가지를 구하기 힘들 경우 또는 뾰족한 부분이 걱정된다면 종이와 양면테이프와 같은 붙일 거리를 준비해서 꽃, 나뭇잎을 붙인 왕관을 만들어도 된다.

알아두면 좋을 TIP

나뭇잎과 나뭇가지로 이렇게도 놀 수 있어요

큰 나뭇잎으로 가면을 만들어 볼 수 있어요. 아이들의 얼굴이 쏙 들어갈 만한 큰 나뭇잎이 있다면 꼭 한 번 해보세요. 계절에 따라 달라지는 색깔의 가면을 쓴 모습을 사진으로 남겨놓는 것도 재미있답니다. 그리고 긴 나뭇가지가 있다면 멋진 활을 만들어 보는 것도 해볼 수 있어요. 주변에 대나무가 있다면 한 번쯤 시도해 보는 것도 재미있겠죠?

29 솔잎 바느질

바느질이라고 하면 바늘에 실을 꿰어 옷을 짓거나 꿰매는 일을 말합니다. 이러한 바느질을 자연에서도 해볼 수 있습니다. 사시사철 푸른 소나무 잎은 바늘, 실과도 닮아 있어 바늘과 실의 역할을 제대로 해줄 것입니다. 그리고 곳곳에 떨어져 있는 넓은 나뭇잎은 부드러운 천 못지않은 재료가 됩니다. 간단하지만 손끝을 단련시킬 수 있고, 자연놀이로도 손색없는 솔잎 바느질을 소개합니다.

이럴 때 시작해요

- 솔잎과 다양한 크기의 나뭇잎이 많은 산책지에 가게 되었을 때 시작해 볼 수 있다.
- 바느질, 꿰기 등에 관심을 보이는 아이들을 위해 색다른 바느질을 시도해 볼 수 있다.
- 산책 시 나뭇잎을 이용한 놀이로 계획하여 시작해 볼 수 있다.

이렇게 준비해요

넓적한 나뭇잎, 솔잎 여러 개

이렇게 진행해요

① 넓적한 나뭇잎과 긴 솔잎을 준비한다.

② 솔잎의 뾰족한 부분으로 넓적한 나뭇잎을 찔러 통과시킨다.

③ 원하는 위치로 솔잎을 빼고 다시 찌르는 것을 반복하여 바느질을 해본다.

이렇게 활용해요

- 너무 두껍거나 얇은 나뭇잎은 바느질이 잘 되지 않으므로, 적당한 두께와 크기의 나뭇잎을 이용하여 바느질을 해볼 수 있으며 솔잎을 끼울 때는 뾰족한 부분에 손이 찔리지 않도록 주의한다.
- 처음에는 자유롭게 바느질을 하면서 솔잎을 통과시키는 것에 집중하고 그 이후에는 간격이나 모양을 맞추도록 하여 난이도를 높여가며 바느질을 해볼 수 있다.
- 솔잎 바느질 대회를 열거나 아이들이 만든 솔잎 바느질 작품을 모아 교실에 전시해볼 수 있다.
- 솔잎 바느질 외에도 나뭇가지에 나뭇잎을 엮어보거나 솔방울에 솔잎을 끼워보는 놀이로 확장하여 해볼 수 있다.

30 새끼 꼬기

우리 전통문화 중에도 손끝놀이를 할 수 있는 풍습이 많이 있습니다. 그중 새끼 꼬기는 하는 방법이 어렵지 않아 어린 아이들도 할 수 있지요. 세시잔치가 있거나 메주를 만들 때, 새끼를 꼬아보는 체험을 해보며 손끝놀이를 함께 할 수 있습니다.

이럴 때 시작해요

- 추수가 되어 농촌에 가서 마른 짚을 얻어오게 될 경우 새끼 꼬기를 해볼 수 있다.
- 메주를 만들 철이 되어 메주를 만들려고 할 때, 메주를 걸기 위해 준비할 수 있다.

이렇게 준비해요

돗자리, 마른 짚

이렇게 진행해요

① 적당량의 짚의 밑부분을 양 발바닥 사이에 끼고 누른 후, 짚을 똑같이 반으로 나눈다. 그리고 손바닥에 줄을 Y자 모양으로 둔다. 몸쪽에 가까운 짚이 꼬인 부분에서 위쪽에 있도록 한다.

② 손을 쓸 듯이 밀어주며 비빈다. 양쪽 줄이 모두 손안에서 회전하도록 한다.

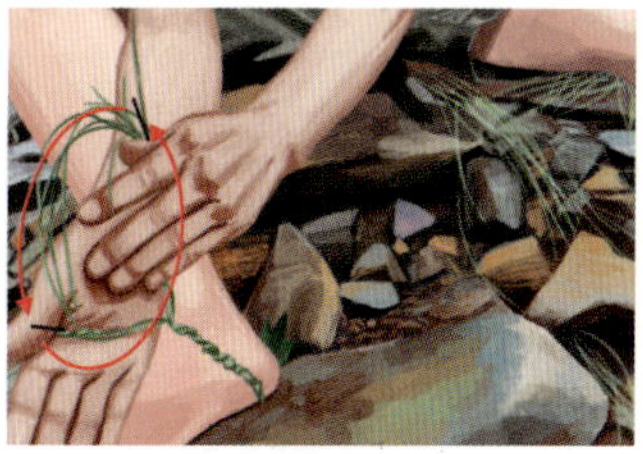

③ 한 방향으로 계속 비벼서 줄이 회전하도록 한다.

이렇게 활용해요

- 새끼를 꼬아 만든 메주를 매달아 둘 수 있다.
- 새끼를 꼬아서 기다란 끈을 만들어 사이에 쪽지를 끼워 세시잔치 분위기를 내볼 수 있다.

사례 7 할아버지에게 배우는 새끼 꼬기

무엇이든 직접 만들어 쓰는 것이 일상이었던 우리 선조들의 문화에는 손끝놀이로 해볼 만한 것들이 많습니다. 이러한 것들은 우리의 일상품도 만들 수 있는 유용한 손끝놀이가 될 수 있지만, 현대사회에서는 많이 사라지고 있는 현실입니다. 우리 전통문화를 이으며, 선조들의 삶의 지혜도 배우고 아이들의 손끝놀이도 함께 하기 위해 주변의 조부모님께 도움을 요청하면 어떨까요? 조부모님들께서는 기꺼이 어릴 적을 추억하며 아이들에게 손끝놀이를 알려주는 동시에 이야기꾼이 되어줄지도 모릅니다.

여기 현대사회의 조부모와 아이들의 노인아동 상호작용을 고민하며, 유아교육기관 행사에서 조부모를 초대하여 우리 문화를 함께 즐기고, 배우는 장을 펼치는 기관의 사례가 있습니다. 메주 만들기를 위해 필요한 새끼 꼬기를 조부모님께 직접 배워보는 유아교육기관의 생생한 사례를 소개합니다.

노랗게 황금빛 물결을 이루는 추수 시기가 되어 4, 5세반 아이들은 도·농 교류를 하고 있는 농촌으로 추수체험을 다녀왔다. 추수체험을 하고 난 후, 농부 아저씨들께서 마른 짚을 가득 선물로 주셨다. 아이들은 "이거 소가 먹는 풀 아니에요?"라고 하였고, 옆의 소들이 여물을 먹는 것을 살펴보러 가기도 하였다. 아이들은 "우리 어린이집에는 소 안 키워요! 이거 어떻게 해요?"라고 걱정 반 설렘 반인 목소리를 내비쳤다. 교사가 "음. 조만간 겨울이 오니까 메주 만들어서 매달 때, 새끼를 꼬아보면 되겠다!"라고 하였다. 아이들은 새끼를 꼰다는 말이 신기한지 "그게 뭐예요? 나 해볼래요!"라고 하였다. 아이들 여럿이 짚을 나눠들고 유아교육기관으로 도착했다. 놀이실에 돗자리를 깔고 마른 짚을 펼쳐서 조금 더 말려두었다.

12월 메주 만들기 잔치가 시작되기 전, 교사회의를 거쳐 이번에는 짚을 얻어왔으니 메주를 달기 위한 새끼를 기관에서 직접 꼬아서 준비해 보기로 했다. 가정과 지역사회와 연계할 수 있는 잔치인 만큼, 조부모님이나 동네 어르신들 중 아이들에게 새끼를 꼬는 방법을 알려줄 분을 모시기로 청하였다. 진호의 할아버지께서 기꺼이 새끼 꼬는 방법을 알려주신다고 연락을 주셨다.

메주 만들기 잔치 당일에 진호의 할아버지는 기관에 오셔서 한 자리를 차지하시고는 새끼를 꼬기 시작하셨다. 아이들은 "할아버지 이거 뭐예요?", "이거 그때 우리가 추수 가서 가져온 거잖아요!"라며 관심을 가지고 모여들었다. 할아버지가 새끼를 꼬는 모습에 빠져 아이들은 하나둘 할아버지 옆에 앉았다. 할아버지는 손으로는 새끼를 꼬며, "할아버지 옛날에는 이렇게 새끼를 꼬아서 신발도 만들어 신고, 생선도 묶어서 들고 다녔어. 가방이야 가방."이라고 하시며 옛이야기를 해주셨다. 아이들은 "네? 이걸로 신발도 만든다고요?"라고 놀라워하거나 "나 책에서 본 적은 있어요!"라고 공감하기도 하였다. 아이들은 "나도 해볼래요!"라며 두 소매를 걷어붙였다. 할아버지는 새끼를 꼬는 시범을 보여주시며 아이들에게 새끼 꼬는 방법을 천천히 알려주셨다. 처음에는 어려워하던 아이들도 어느 순간 새끼줄이 만들어지자 신기해하며 계속 하였다.

할아버지 주위로 여러 아이들이 모여 앉아 새끼줄을 꼬아서 금세 짚이 모두 사라졌다. 할아버지는 새끼줄로 메주를 매는 방법도 교사들에게 자세히 알려주셨다. 아이들과 교사에게 담담한 목소리로 차근차근 새끼를 꼬는 방법을 알려주시고, 옛 선조들은 어떻게 활용했는지를 생생한 경험담으로 이야기해 주시는 할아버지는 우리 전통문화를 알리고, 아이들에게 좋은 손끝놀이도 알려주실 수 있는 훌륭한 선생님이 되어주셨다.

마무리하며 : 손끝에서 삶이 만들어진다

영화 「리틀 포레스트」는 2018년 개봉하여 꾸준한 인기를 누리고 있는 영화입니다. 고단한 도시의 삶에 지쳐 고향으로 내려온 여자 주인공이 시골이라는 자연 속에서 직접 음식을 만들어 먹으면서 과거의 기억과 상처를 치유해 나가는 과정이 시골의 사계절과 함께 아름답게 그려져서 보는 이들에게 만들어 먹는 즐거움과 시골살이에 대한 그리움을 안겨주는 영화였습니다.

『엄마, 아빠, 선생님과 함께 하는 쉽고 재미있는 유아손끝놀이』 책을 마무리하면서 이 영화가 떠오르는 이유는, 주인공 혜원이의 손끝에서 완성되는 요리가 요리 그 이상의 의미가 있기 때문입니다. 자기가 먹을 것을 스스로 기르고 수확하고 다듬고 만들어 먹고... 영화 전체에 걸쳐 천천히 보여지는 이 모든 과정은 혜원이의 생명력 있는 손끝에서 완성된 것입니다. 주인공의 지친 삶이 다시 살아갈 힘을 얻는 삶으로 바뀐 데에는 손끝이 주는 생명력이 있었다고 생각됩니다.

인간은 원하는 무엇인가를 손으로 만드는 동안 대단한 집중력을 보입니다. 아이도 마찬가지입니다. 바느질이나 뜨개질을 하는 아이를 보고 있으면 주변을 모두 잊을 정도로 집중하는 모습을 발견할 수 있습니다. 그 모습은 안정적이고 평화로워 보이기까지 합니다. 정서적인 불안이나 공격행동을 보이는 아이들이 많아지는 요즘 시대에 이처럼 무언가에 집중해서 하고 싶은 것을 하고 있는 아이를 보면, 손끝활동이 교육적인 면에서도 효과가 크다는 것을 알 수 있습니다. 손 근육과 감각을 길러주고, 눈과 손의 협응력과 집중력을 도와주며, 주도성, 자율성, 독립성, 인내심, 심미감도 발달시켜 줄 수 있습니다. 그러나 교육적인 효과가 크다고 해서 손끝활동을 가르쳐서는 안 될 것입니다. 스스로 원하지 않는 상태에서 반드시 해야 할 것이 되어버린다면 하기 싫어지기 때문입니다. 손끝놀이의 가장 중요한 포인트는, 스스로 하고 싶을 때 내 손으로 직접 원하는 것을 만들어서 내가 필요한 데 쓸 수 있는 즐거움과 보람을 알아가는 것이라고 생각합니다.

사람이 살아가는 데에는 기본적으로 필요한 것이 있습니다. 우리 사회가 산업화되기 이전에는 의식주를 스스로 해결해 나가면서 삶을 꾸렸습니다. 그러나 오늘날에는 만들어진 기성품의 옷을 사 입고, 음식도 집에서 시켜먹거나 식당에서 사서 먹고, 집도 돈만 지불하면 모든 것이 갖춰진 곳에서 살 수 있게 되었습니다. 그러나 오늘날에도 여전히 생활의 자립이 필요한 순간들이 있습니다. 단추가 떨어지면 꿰매서 입을 줄 알아야 하고, 요리 재료가 있으면 만들어 먹을 줄 알아야 하며, 살아가면서 필요한 간단한 소품 정도는 만들어서 사용할 줄 알아야 합니다. 이것이 자생력이자 삶을 살아가는 힘입니다. 스스로에게 "나는 내 생활에 자립이 가능한 사람인가?"라고 묻고 "그렇다."라고 대답할 수 있는 사람이라면, 오늘 하루를 살아가기에 훨씬 힘이 날 것입니다.

영유아기는 스스로 살아갈 힘을 기르는 시기입니다. 부지런히 손을 움직이면서 세상과 만나고 그 속에서 자신의 삶에 필요한 것은 직접 만들어 사용할 수 있다는 것을 느껴야 합니다.

우리는 **"아이들 손끝에서 삶이 만들어진다."**는 것을 기억하고, 아이들이 손끝을 통해 세상을 만날 수 있도록 지지하고 지원해 줄 수 있어야 합니다. 우리 아이들이 쉽고 재미있는 손끝놀이를 하면서 내일의 주인공이 아닌, 오늘이 행복한 '오늘의 주인공'으로 자라나기를 바랍니다.

저/자/약/력

김은주

부산대학교 유아교육과 교수로 재직 중이며, 생태유아교육과 숲교육 및 유아교육사상 등에 관심을 가지고 연구 중이다. 생태유아교육의 시발지인 부산대부설어린이집의 개원 준비부터 시작하여 그동안 교사로, 연구자로, 학부모로, 운영지원자로 다양한 역할 속에서 생태유아교육과 함께 해오고 있다.

임홍남

부산대학교 유아교육과 박사 졸업 후 생태유아교육과 유아교육과정, 아이들의 앎에 관심을 가지고 연구를 이어가고 있다. 생태유아교육기관인 부산법원어린이집에서 교사로 근무하며 생활 속에서 실천하는 손끝놀이에 관심을 가져왔다. 현재 동명대학교 창의인성연구소에 재직하고 있다.

안세정

부산대학교 유아교육과 박사과정 수료 후 부산대학교 직장어린이집 교사로 근무하였다. 현재는 유아교육 및 생태유아교육 관련 강의 및 '생태음악'에 관심을 갖고 연구 중이며, 해운대 육아종합지원센터 생태기관 전환컨설팅 컨설턴트로 활동하고 있다.

강진아

부산대학교 유아교육과 박사과정에서 수학 중이다. 생태유아교육기관인 부산법원어린이집에서 주임교사로 근무하였으며, 연제구육아종합지원센터에서 선임팀장으로 근무하였다. 생태유아교육에 관심을 가지고 유아교육현장과 지역사회 육아지원기관에서 실천할 수 있는 방법을 연구하고 있다.

엄마, 아빠, 선생님과 함께 하는

쉽고 재미있는 **유아손끝놀이**

| **공저자** | 김은주·임홍남·안세정·강진아

| **1판 1쇄** | 발행 2021년 5월 5일

| **발행인** | 김동훈
| **펴낸곳** | 공동체

| **주소** | 경기도 고양시 일산동구 호수로 358-39, 동문타워 1차 905호(백석동)
| **전화** | 031)920-8305(대표)
| **팩스** | 031)920-8308
| **홈페이지** | www.compub.co.kr
| **전자우편** | compub@naver.com
| **출판등록** | 2005년 10월 6일
| **등록번호** | 제396-2005-36호

| **ISBN** | 979-11-6105-999-0
정가 17,000원

Memo

Memo